MW01228498

1

Sergio Rivera

EL VIAJE DEL ALMA
o el viaje del héroe y la heroína

Santiago de Chile, noviembre de 2019

Tabla de contenido

Agradecimientos

Agradezco las conversaciones con mis amigote[ ]
do Avendaño, el Kiko Musso, el Eduardo Bonn[ ]
grupo de casi todos los martes por más de [ ]
Humberto del Pozo, el gringo Michael Basch, F[ ]
Berndt, Samuel Silva, el Lalo Yentzen, Rodrigo B[ ]
Renato Lewin y Álvaro Valenzuela (mis amigotes de t[ ]
volada del colegio y la universidad); al che Carlos Barahon[ ]
Demetrio Muñoz (con quien aprendimos Meditación Trascendental el mismo día) y a la Pamela Hernández.

En forma especial a Cecilia Vera por todo lo que hemos
caminado juntos.

A Sima Rezepka, por tantos años cumpliendo mi sueño
de llevar la biodanza a las universidades, y por su apoyo en
publicar este libro y cumplir mis sueños.

Y a mis hijas e hijo María José, María Cecilia, María
Belén (las tres Marías) y a Felipe Andrés, por soportar a su
papá durante toda su vida.

Advertenc

Sé muy [...]
primera[...]1986, p. 8)
Van G[...]

[...]a este cuadro le faltan muchos trazos, pero una [...]o es nunca más que un ensayo. (Voltaire, cit. en

Segú[...]
(Jo[...]owsky, 2016)

[...]ue yo creo y hasta donde yo sé, arriesgando equivocarme.

Eso es todo lo que significa hoy: un registro del progreso de mi conocimiento y de los vacíos de mi ignorancia. (Lin Yutang, 1966, p. 21)

EL VIAJE DEL ALMA

Si no saber dónde vas, cualquier camino te llevará. (G. Harrison, 2002, trad. propia)

Living is easy with eyes closed misunderstanding all you see. (Lennon & McCartney, 1967)

So long as you do not have this dying and becoming, you're only a gloomy guest on this darkening Earth. (J. W. Goethe, cit. en Metzner, 2006, p. 232)

Mucha gente vive en la senda que fijamos para ellos, temerosa de explorar cualquier otra. Pero de vez en cuando aparece gente como ustedes, que derriba todos los obstáculos que les ponemos. Gente que descubre que el libre albedrío es un don que jamás sabrán usar si no luchan por él. Creo que ese es el verdadero plan del Superior: que tal vez un día nosotros no hagamos el plan, sino ustedes. (The Adjustment Bureau, 2011)

I really wanna see you Lord
But it takes so long, my Lord
(G. Harrison, 1970)

—*¿Quiere decirme, por favor, ¿qué camino debo tomar para salir de aquí?*
—*Eso depende de adónde quieras ir*— *contestó el Gato.*
—*Me da igual un sitio que otro...*
—*Entonces es lo mismo un camino que otro.*
—*... con tal de llegar a alguna parte*— *añadió Alicia a modo de explicación.*
—*¡Oh!, es seguro que llegarás a alguna parte si caminas lo suficiente.* (Carrol, 1960, p. 70)
Eso no tiene sentido, y yo tampoco. (El pato Lucas, cit. en Vogler, 2002, p. 106)

Imagina. (J. Lennon, 1971a)

Les traigo noticias del paraíso. (consigna recurrente de Rolando Toro)

Todo lo que separe a un ser humano de la cascada y el tigre, lo matará. (R. Bly, 1992, p. 78)

I love rock n' roll. (J. Jett, 1982)

Caminante, no hay camino, sólo estelas en la mar. (Machado, 1912)

Danzar es seguramente la más básica y relevante de todas las formas de expresión. Nada más puede tan efectivamente dar forma externa a una experiencia interna. La poesía y la música existen en el tiempo. La pintura y la arquitectura son parte del espacio. Pero solo la danza vive al mismo tiempo en el espacio y el tiempo. En ella el creador y lo creado, el artista y expresión, son uno. Cada uno participa completamente en el otro. No podría haber mejor metáfora para entender la mecánica del cosmos. (Watson, 1992, trad. propia)

El objetivo de la vida humana es que el alma recobre sus alas. (Keen, 1999, p. 263)

Alégrate ahora, porque si hay un mañana podrás alegrarte aún más.
Y si no hay mañana, ¿a quién le importa? Ya nos hemos alegrado.
(Osho, 1990, p. 290, trad. propia)

Lo que no se hace consciente se manifiesta en nuestras vidas como destino. (Jung y otros, 1993, p. 3)

Somos la memoria de las estrellas
Somos la memoria de los dioses.
(Yeah Yeah Tse)

It's now or never. (E. Presley, 1960)

Rules and regulations, who needs them? (Crosby, Stills, Nash & Young, 1971)

Wake up!
You can't remember where it was.
Had this dream stopped?
(J. Morrison, 1970)

El viaje más largo es el viaje hacia dentro de aquel que ha elegido su destino, que ha empezado la búsqueda del origen de su ser. (Dad Hammadskjold, cit. por P. M. H. Atwater, 1997, p. 23)

No ser nadie más sino tú mismo, en un mundo que está haciendo todo lo posible, día y noche, para hacer de ti alguien distinto, significa luchar la más dura batalla que cualquier ser humano pueda luchar. (e. e. Cummings, s.f.)

MOYERS: ¿Por qué pensamos en términos de opuestos?
CAMPBELL: Porque no podemos pensar de otro modo.
MOYERS: Es la naturaleza de la realidad en nuestro tiempo.
CAMPBELL: Es la naturaleza de nuestra experiencia de la realidad.
(Campbell y Moyers, 1996, p. 83-84)

12

We shall not cease from exploration
And the end of all our exploring
Will be to arrive where we started
And know the place for the first time.
(T. S. Eliot, 1943)

Somos la memoria del mundo.
Sólo debemos recordar lo que está en nuestras células...
Los frutos del verano,
el amor voluptuoso,
la capacidad de ponerse en el lugar del otro,
el contacto,
el coraje de innovar,
el abrazo, el adiós, el encuentro,
el mar en nuestra piel,
la música de la vida,
la danza de la vida.
Biodanza nos devuelve la memoria ancestral,
la posibilidad absoluta de amor.
(R. Toro, s.f.)

What do you want now that you do not know already? (Vikings, cap. 14, temp. 5)

Presentación

Sima Nisis de Rezepka

Sergio Rivera no es solo el autor, sino también el más notable de los héroes descritos en su libro *El viaje del Alma* o también *El viaje del héroe y la heroína*. Agradezco, por tanto, la oportunidad de rendir homenaje a Sergio por la lección de vida que nos ha entregado a través de su propia historia personal.

Hay diferentes caminos para el recorrido del *Viaje del Alma o El viaje del héroe y la heroína* y la pregunta fundamental es: ¿Dónde estoy? ¿Porqué realizar este viaje? Si la vida misma en cada instante nos entrega la oportunidad de vivir encontrándole un sentido a nuestra existencia, *distinguiendo entre lo sagrado y lo profano*.

La pregunta existencial es: ¿Cómo vivir la vida para comprender la santidad y, en especial, la integración del cuerpo, la mente y el alma, viviendo la Unidad? Y el autor nos entrega su propia experiencia, ilustrada con las palabras de notables sabios que han enriquecido nuestras vidas. Entre ellos, deseo destacar al Dr. Humberto Maturana, creador de la Teoría de la biología del conocimiento y del amor; a Carl Rogers, a Martin Seligmann, creador de la psicología humanista; a Otto Rank, a Lord Raglan y a Rolando Toro, creador de la biodanza. A estos nombres sumamos ahora el de Sergio Rivera, quien a través de su profundo estudio resalta el coraje necesario para conjugar estas reflexiones con los méritos de su propia superación.

Siento que ha sido un privilegio recorrer el camino del héroe y la heroína, plasmados en el espíritu que nos une con Sergio: el modelo que juntos creamos, *Del hombre fragmentado al hombre cósmico*, donde enriquecimos a través del estudio, investigación, clases y talleres, a muchas generaciones de alumnos en diferentes universidades de Chile, intentando convertir a cada uno de nuestros alumnos en el héroe o heroína de su propia historia. A través de la visión teórica y la expresión integral de la biodanza, logramos aportar una experiencia inédita de formación humana en la que el cuerpo, el espíritu y el conocimiento permiten que nuestros sueños se integraren con la realidad.

Hoy podemos destacar pensamientos fundamentales del libro que Sergio sabiamente investigó:

El primer síntoma con el que estamos desvaneciendo nuestros sueños es la falta de tiempo y de certeza.

(…)

El camino del héroe es un despertar al infinito y a la eternidad.

(…)

Los héroes son símbolos del alma en transformación

(…)

Cada vida humana es el camino del héroe.

(…)

El viaje: la partida, la llegada y el regreso son una metáfora de nuestro proceso de autotransformación.

(…)

Los taoístas hablan del Tao como el 'camino' o 'sendero'; los indios, de los tres 'senderos' (del conocimiento, del amor y de la acción). Tenemos, también, el viaje de los israelitas que salen de Egipto huyendo de la esclavitud y en busca de su 'liberación', tras la Tierra Prometida. Por su parte, Jesucristo enseña el camino, prometiendo vida eterna más allá de todo sufrimiento; los profetas bíblicos proclaman el camino de Dios, de la verdad y de la rectitud. Mahoma describe sus viajes místicos y muestra el camino hacia la Ciudad Sagrada –La Meca.

(…)

El compromiso hacia algo que te trasciende da un sentido a la vida y te hace sentir tu propia grandeza como persona.

(…)

La propuesta de la Biodanza es recuperar la sacralidad de la vida y con ello el sentido y el propósito de nuestras acciones y permiten redireccionar nuestra mente, cuerpo y espíritu originándose experiencias de danzar la vida.

(…)

La danza interior y exterior es la expresión más autentica de nuestro ser, ya que en ella nos mostramos por completo, en la danza se conjugan el creador y lo creado.

Reconocer el placer como algo fundamental en nuestra vida y como una guía para ir tras lo que queremos; es aprender a reconocer y liberar las emociones, aprender a vivir con ellas como un vehículo, una guía.

Recuperar el lenguaje de las caricias, es recuperar el sentido de lo humano, dar y recibir afecto es el secreto de la Felicidad.

Sergio nos entrega una apología de la vida, a través de su propio recorrido y nosotros le devolvemos una plegaria por su talento para invitarnos a recorrer los caminos de una humanidad en búsqueda de revelar lo que hemos vivido y, más aún, lo que anhelamos vivir, comprendiendo lo incomprensible: el misterio y la magia del camino del héroe y la heroína... *el viaje de nuestra alma.*

EL INICIO

1. ¿Cuál es el viaje del alma o el viaje del héroe y de la heroína?

> *Cuando el hombre superior escucha hablar del Tao,*
> *Trata de seguir el Camino.*
> *Cuando el hombre medio escucha hablar del Tao,*
> *Confunde el sendero con el Camino.*
> *Cuando el hombre inferior escucha hablar del Tao,*
> *Ríe en estruendosas carcajadas.*
> *Si nadie se riese de él, no indicaría la grandeza del Tao.*
> (Lao Tse, 1972, p. 61)

> *Caminante, son tus huellas el camino y nada más;*
> *Caminante, no hay camino, se hace camino al andar.*
> (Machado, 1912)

Platón diferenció entre dioses, demonios, héroes y hombres. Un héroe es un 'semidiós' y es por lo tanto superior a los hombres. Quizás alguna vez fueron humanos, y tras haber realizado alguna proeza digna de admiración tuvieron una muerte 'heroizante', de modo que los dioses decidieron premiarlo y convertirlo en un semidiós.

De modo que básicamente los héroes son de naturaleza mixta, es decir, son mitad dioses y mitad humanos; son grandes guerreros que buscan la aventura inspirados en el amor, la justicia y la protección de la vida, luchando contra fuerzas oscuras e, incluso, los mismos dioses. Esto los hace temerarios y valientes, pues no le temen a la muerte ya que cuentan con la protección de algún dios o diosa. Cuando han terminado su misión, la vida se ve renovada para entrar en un nuevo ciclo.

El viaje del alma no muestra otra cosa más que la historia o el camino que recorremos desde siempre en nuestra evolución.

El viaje del héroe y de la heroína es *una de las historias más antiguas jamás contada*. Es un modelo que se ha repetido a lo largo de las eras y de las culturas de la humanidad. Describe las diferentes etapas del camino que lleva a un ser humano

21

a encontrarse a sí mismo en un viaje y en un proceso que le dan sentido a su vida. Es el viaje al inframundo de *Inanna* que nos describe *Enheduanna,* en la primera de las obras literarias conocidas en la historia del hombre, hace unos 4.300 años.

El viaje del héroe es una "metáfora para la profunda jornada interior de transformación que los héroes de todos los tiempos y lugares parecen compartir, un camino que los lleva a través de grandes movimientos de separación, descenso, ordalías y su regreso" (Voytilla, 1999, p. vii, trad. propia).

A lo largo de siglos las aventuras y proezas de los héroes han inspirado a la humanidad como ningún otro relato. Sus historias nos recuerdan una y otra vez que saliendo al encuentro de las pruebas de la vida con coraje, podemos encontrar insospechada sabiduría y fuerza para superar nuestras debilidades personales y las circunstancias adversas en que nos encontramos.

El viaje del héroe ha sido hecho en millones de oportunidades por los billones de seres humanos que han pisado esta Tierra, en los cientos de miles de años que llevamos como especie. En realidad, este viaje lo hemos hecho cada uno de los seres humanos que hemos vivido en este planeta desde que los *Australopithecus* caminaron en dos pies. Y si hoy estás leyendo esto es porque tus ancestros, tu linaje entero, hace ya unos cuatro millones de años lo iniciaron, lo recorrieron y triunfaron, muchas, muchas veces. Y si no hubiese sido así, ninguno de nosotros estaría aquí. Es parte de nuestro destino, como seres humanos y como seres de este universo.

Y si pensar en este universo nos parece mucho, en realidad es algo bastante limitado. Solo consideremos que el universo habría tenido un inicio hace algo así como hace unos 13.700 millones de años y tiene un tamaño de unos 93.000 millones de años-luz. De modo que —al menos yo— me siento tremendamente tentado a querer situarme antes de que el universo existiera, y fuera de sus límites... Y tremendamente motivado a saber qué había o era antes de ese inicio y qué hay más allá de sus límites… O a pensar en nuestra tremenda limitación a aceptar lo infinito, ilimitado e incomprensible.

Muchas historias y antiguos mitos y leyendas nos dan cuenta de este viaje del héroe o la heroína. Nos relatan cómo un hombre o una mujer se aventuraron, enfrentaron innumerables retos y desafíos y –habiendo sido transformados por el viaje– volvieron a su lugar de origen, convertidos en otra persona. Es el viaje que emprendió Ulises de regreso a Ítaca, que duraría diez largos años, superando prueba tras prueba.

Otros tantos no aceptaron el reto, no cruzaron el umbral y se quedaron donde mismo, solo sobreviviendo. Muchos murieron sin atreverse, y otros muchos, en alguna prueba, sin superarla. Somos libres de elegir. Es nuestro don como seres divinos, nuestro derecho de dioses, así como es nuestro destino en cuanto seres humanos: elegir nuestra experiencia según nuestras preferencias.

Grandes pensadores han estudiado este camino, señalado sus hitos y recovecos. Han mostrado su entrada, enumerado cada uno de sus peligros y señalado su salida. Nos han dado respuestas a los acertijos, y descrito cada una de las trampas. Mitos, cuentos, novelas y películas nos narran historias de valientes caballeros andantes que rescatan bellas princesas, y de grandes reyes que han gobernado esta Tierra después de ganarse en fieras batallas ese derecho.

Pero, como hemos escuchado ya muchas veces: la experiencia de los demás no nos sirve. De modo que el camino del héroe lo tendremos que recorrer cada uno de nosotros en nuestras vidas, al menos alguna vez. Incluso si decidimos –asustados– volver atrás.

¿Así que, por qué emprender este viaje? Porque nuestra vida pide un significado, un sentido. Porque cuando nuestros actos tienen un significado, su fuerza y poder son completamente distintos y nos llevan a vivir con esa profunda sensación de estar vivos. Y también, por cierto, para dar alas a nuestros sueños.

El hombre nunca puede cesar de soñar. El sueño es el alimento del alma, como la comida es el alimento del cuerpo. Muchas veces, en nuestra existencia, vemos nuestros sueños deshechos y nuestros deseos frustrados, pero es necesario continuar soñando, pues de lo contrario nuestra alma muere… (Coelho, 1990, p. 58).

Tomar el camino es encontrar nuestra Leyenda Personal y atrevernos a librar el Buen Combate. Nuestra Leyenda Personal es aquello que siempre hemos deseado hacer, son nuestros sueños, nuestro destino, aquello con lo que vibramos, aquello que nos llena de energía, aquello por lo que sentimos pasión. Y a pesar de que cumplir nuestra Leyenda Personal es nuestro más profundo deseo, con el tiempo una misteriosa fuerza parece oponerse a él como si tratara de convencernos de que es imposible realizar esta Leyenda Personal. Ha llegado entonces el momento del Buen Combate.

El Buen Combate es aquel emprendido porque nuestro corazón lo pide. En las épocas heroicas, en tiempos de los caballeros andantes, esto era fácil; había mucha tierra por conquistar y mucho por hacer. Hoy día, sin embargo, el mundo ha cambiado mucho y el Buen Combate fue transportado de los campos de batalla para dentro de nosotros mismos.
El Buen Combate es aquel entablado en nombre de nuestros sueños. Cuando explotan dentro de nosotros, con todo su vigor, en la juventud, tenemos mucho coraje, pero todavía no hemos aprendido a luchar. Después de mucho esfuerzo, hemos aprendido a luchar, pero ya no tenemos el mismo valor para combatir. Por eso, nos volvemos contra nosotros mismos y pasamos a ser nuestro peor enemigo. Decimos que nuestros sueños eran infantiles, difíciles de realizar o fruto de nuestra ignorancia de las realidades de la vida. Matamos nuestros sueños porque tenemos miedo de entablar el Buen Combate (Coelho, 1990, p. 58).

¿Y qué pasa cuando no seguimos nuestros sueños, si no seguimos el llamado? Ya lo sabemos, nos ha ocurrido muchas veces. Viviremos desconectados, perdidos, confundidos, infelices, enojados y tristes.

El primer síntoma de que estamos matando nuestros sueños es la falta de tiempo… En verdad tenían miedo de enfrentarse con el Buen Combate. El segundo síntoma de la muerte de nuestros sueños son nuestras certezas…Finalmente, el tercer síntoma de la muerte de nuestros sueños es la paz. La vida pasa a ser una tarde de domingo, sin pedirnos cosas importantes y sin exigirnos más de lo que queremos dar. Creemos entones que estamos maduros...

–Cuando renunciamos a nuestros sueños y encontramos la paz –prosiguió después de un tiempo–, tenemos un pequeño periodo de tranquilidad. Pero los sueños muertos comienzan a pudrirse dentro de nosotros e infectan todo el ambiente en que vivimos. Empezamos a ser crueles con los que nos rodean y finalmente pasamos a dirigir esta crueldad contra nosotros mismos. Surgen las enfermedades y las psicosis. Lo que queríamos evitar en el combate –la decepción y la derrota– pasa a ser el único legado de nuestra cobardía. Y llega un bello día, en que los sueños muertos y podridos vuelven el aire tan difícil de respirar que pasamos a desear la muerte, la muerte que nos libere de nuestras certezas, de nuestras ocupaciones y de aquella terrible paz de las tardes de domingo. (Coelho, 1990, pp. 59-60).

¿Y qué vamos a encontrar en este camino? Nada menos y nada más que nuestras sombras. Nuestros más profundos temores, que serán nuestras pruebas ¿Y cuál será nuestra recompensa? La posibilidad de vivir una vida más plena, sintiendo que nuestras acciones del día a día nos hacen sentirnos más vivos y… conectados con nuestra divinidad.

Seguir el camino del héroe es un despertar, una apertura a escuchar el llamado de la vida. Y a seguirlo. Y nadie dijo que sería fácil; si lo fuese, no tendríamos que ser héroes para seguirlo y salir vivos. Seguir el camino del héroe nos permite dar un paso evolutivo importante, ya que en algún momento se nos abrirán tanto las puertas del infierno como del infinito. Las puertas de lo inconmensurable, de lo trascendente, del mundo más allá de nuestros sentidos.

Los héroes son símbolos del alma en transformación, así como del viaje que cada persona lleva a término en el transcurso de su vida. Los estadios de dicha progresión, las etapas naturales de la vida y el crecimiento, componen el viaje del héroe (Vogler, 2002, p. 75).

De modo que cada vida humana es el camino del héroe, y este camino un llamado. "Un llamado a la acción. Un llamado a la aventura. Un llamado para ser. Un llamado para volver a tu espíritu" (Gilligan y Dilts, 2009, p. 10).

Campbell y Moyers nos señalan lo que es vivir la vida con el conocimiento de su misterio:

> Eso le da a la vida un resplandor nuevo, una armonía nueva, un brillo nuevo. Pensar en términos mitológicos te ayuda a ponerte de acuerdo con lo inevitable en este valle de lágrimas. Aprendes a reconocer los valores positivos en lo que parecen ser momentos y aspectos negativos de tu vida. La gran pregunta es si podrás decir un gran sí a tu aventura.

Aquí Bill Moyers le pregunta a Campbell: "¿La aventura del héroe?", que responde: "Sí, la aventura del héroe... la aventura de estar vivo" (Campbell y Moyers, 1996, p. 234).

El patrón del viaje mítico tiene básicamente tres etapas: la partida, la llegada y el regreso. La partida ocurre después que el héroe siente el llamado, saliendo de la seguridad de su mundo convencional, hacia la meta. Algunos oyen la voz de Dios o una voz interior que les ordena o pide que busquen; otros desean escapar de un modo de vida, de una prisión, de sus enemigos.

La meta es una ciudad sagrada, un país lejano, un castillo mágico o la cumbre de la montaña sagrada, a la que se accede atravesando valles, pantanos, mares y desiertos; resistiendo el frío, vientos y tormentas y luchando contra la naturaleza, fieros leones, dragones o demonios y brujas. Al llegar a la meta el héroe encuentra el poder mágico, es curado y dotado de un conocimiento superior.

Pero antes de llegar a la meta su viaje incluye innumerables retos, obstáculos y dificultades, todos ellos destinados a poner a prueba su valentía, su decisión, su entereza; en fin, el héroe debe demostrar en cada una de estas pruebas que es digno del conocimiento que recibirá al final del camino. Al regreso de este viaje ha cambiado, tiene una nueva identidad, un poder superior, y comienza una nueva vida.

El viaje por este camino es una metáfora de nuestro proceso de autotransformación: en definitiva, los territorios que atravesamos corresponden a nuestra propia psique y a nuestra alma. Es el alma la que explora el mundo, creciendo a medida que lo atraviesa y supera los desafíos que va encontrando en este viaje espiritual.

De este modo, un viaje exterior a un lugar lejano puede provocar experiencias interiores significativas si reconocemos que el verdadero viaje es interior. Así, todo lo que nos acontece afuera sucede dentro de nosotros, y cada personaje, dios, demonio, maestro, amigo o enemigo que encontramos en el camino, no es más que una metáfora o representación de nuestra propia alma, psique o ego. Numerosas metáforas y mitos nos hablan del 'camino' como un viaje que se emprende en búsqueda de nuestra transformación. Más aún, la sensación de que nuestra vida es sentida como un viaje o camino con su eterno y cambiante devenir, es una experiencia humana casi universal.

No es un viaje en el sentido de andar por el desierto con la mirada puesta en el horizonte. Es, más bien, un viaje que se despliega dentro de nosotros mismos. Es decir, que empezamos a apreciar el Sol del Gran Este no como algo exterior a nosotros, como el sol que está en el cielo, sino como el Sol del Gran Este que está en nuestra cabeza y en nuestros hombros, que tenemos en la cara, en el pelo, en los labios, en el pecho. Si examinamos nuestra postura, nuestro comportamiento, nuestra existencia, nos encontramos con que los atributos del Sol del Gran Este se reflejan en cada uno de los aspectos de nuestro ser. Esto nos da la sensación de ser realmente humanos (Trungpa, 2008, p. 67).

Usamos la imagen del camino, pues nos remonta al viaje exterior, a una larga caminata, a aquellos remotos tiempos en que nuestros antepasados debieron desplazarse en busca de mejores territorios para sobrevivir al ataque de otra tribu, de animales depredadores, de cataclismos o en busca de alimentos y caza. O quizás, simplemente, en búsqueda de un mundo nuevo, respondiendo al llamado de seguir adelante.

El camino del héroe y la heroína se acerca la senda del guerrero descrita por Chógyam Trungpa, que es "el camino de la valentía, que está abierto a todo ser humano que procure una existencia auténtica que trascienda el miedo" (2008, p. 11). Busca recuperar los principios de lo sagrado, lo digno y lo guerrero.

Al hablar aquí del guerrero no nos referimos a hacer la guerra. La agresión no es la solución, sino el origen de nuestros problemas. Aquí, la palabra 'guerrero' traduce el tibetano *pawo*, que significa literalmente 'persona valiente'. En este contexto, la condición de guerrero es la tradición de la valentía humana, la tradición de la intrepidez. (…) La clave del camino del guerrero, y el principio de la visión *shambhala*, es no tener miedo de ser quienes somos. Esta es, en última instancia, la definición de la valentía: no tenerse miedo a sí mismo. (Trungpa, 2008, p. 29)

Nuestro ego es tremendamente cómodo, conformista y autorreferente; es un pequeño dios que se las sabe todas. Solo una crisis profunda es capaz de acallarlo por algún instante, momento que hay que aprovechar antes de que se cierren nuevamente las puertas. Necesitamos una y otra vez revivir la experiencia de ser expulsados del Paraíso, de vivir el infortunio, de la Hégira, de morir crucificados, para luego revivir y resucitar en gloria y majestad, como el ave Fénix. Una crisis, un instante de desequilibrio, una buena dosis de sufrimiento y miedo son momentos y oportunidades para crecer, para buscar nuevas oportunidades y, en definitiva, para alcanzar nuestros objetivos y la —muchas veces— ansiada y esquiva felicidad. Es una oportunidad para aprender que la felicidad es un proceso en el cual nos sentimos crecer día a día, el cual no está exento de momentos de crisis y dolor. Solo cuando esos momentos tienen sentido, es que cambia nuestra percepción de la vida.

En este proceso tomaremos consciencia de que existimos, de que nuestra vida está en nuestras manos, que en este camino vamos acompañados, pero también solos, y de que el universo tiene la misma esencia que nosotros, que somos uno con él. Necesitaremos intrepidez y valentía para iniciar el viaje y para enfrentar una a una las pruebas con que nos encontraremos.

Este viaje es, en última instancia, un recorrido simbólico por el interior del alma humana.

Los taoístas hablan del Tao como el 'camino' o 'sendero'; los indios, de los tres 'senderos' (del conocimiento, del amor y de la acción). Tenemos, también, el viaje de los israelitas que salen de Egipto huyendo de la esclavitud y en busca de su 'liberación', tras la Tierra Prometida. Por su parte, Jesucristo enseña el camino, prometiendo vida eterna más allá de todo sufrimiento; los profetas bíblicos proclaman el camino de Dios, de la verdad y de la rectitud. Mahoma describe sus viajes místicos y muestra el camino hacia la Ciudad Sagrada –La Meca. Las mitologías nativas de los indios norteamericanos enseñan el Camino Rojo, las de los Incas el Camino Sagrado, que nos llevan en dirección del Gran Espíritu. Todos estos viajes tienen un simbolismo mitológico más allá del psicológico y –por cierto– de la historia contada. Campbell, quien describiera cada una de las etapas de este viaje, lo resume de la siguiente manera:

El héroe mitológico abandona su choza o castillo, es atraído, llevado, o avanza voluntariamente hacia el umbral de la aventura. Allí encuentra la presencia de una sombra que cuida el paso. El héroe puede derrotar o conciliar esta fuerza y entrar vivo al reino de la oscuridad (batalla con el hermano, batalla con el dragón; ofertorio, encantamiento), o puede ser muerto por el oponente y descender a la muerte (desmembramiento, crucifixión). Detrás del umbral, después, el héroe avanza a través de un mundo de fuerzas poco familiares y sin embargo extrañamente íntimas, algunas de las cuales lo amenazan peligrosamente (pruebas), otras le dan ayuda mágica (auxiliares). Cuando llega al nadir del periplo mitológico, pasa por una prueba suprema y recibe su recompensa. El triunfo puede ser representado como la unión sexual del héroe con la diosa madre del mundo (matrimonio sagrado), el reconocimiento del padre-creador (concordia con el padre), su propia divinización (apoteosis) o también, si las fuerzas le han permanecido hostiles, el robo del don que ha venido a ganar (robo de su desposada, robo del juego); intrínsecamente es la expansión de la conciencia y por ende del ser (iluminación, transfiguración, libertad). El trabajo final es el del regreso. Si las fuerzas han bendecido al héroe, ahora éste se mueve bajo su protección (emisario); si no, huye y es perseguido (huida con transformación, huida con obstáculos).

En el umbral del retorno, las fuerzas trascendentales deben permanecer atrás; el héroe vuelve a emerger del reino de la congoja (retorno; resurrección). El bien que trae restaura al mundo (elíxir). (Campbell, 1999, pp. 223-224)

Mi intención con este libro es mostrar el viejo y conocido camino para aquellos que, con pasión en el corazón, están dispuestos a hacer un viaje espiritual, que comienza con la decepción y la separación, para tomar un camino que los llevará —tras cruzar el valle de las sombras y enfrentarse con demonios y dragones— a encontrar una nueva visión de sus vidas.

2. Mi viaje

Twenty-five years and my life is still
Trying to get up that great big hill of hope
for a destination
And I say, hey hey hey hey
I said hey, what's going on?
(4 Non Blondes, 1992)

Primero soy un Zorba y luego soy un Buda. Y recuerda, si tuviera
que escoger entre los dos, escogería a Zorba, no a Buda... porque
el Zorba puede siempre convertirse en un Buda, pero el Buda se
queda encerrado en su propia santidad. No puede ir a una
discoteca y convertirse en un Zorba. Y para mí, la libertad es el
valor más alto, no hay nada más grande, ni más precioso, que la
libertad. Mi iluminación me ha liberado de todo, incluso de la
iluminación. (Osho, 1990, p. 33, trad. propia)

Con este libro busco describir una experiencia común a la
humanidad entera, quiero mostrar algunos de sus recovecos, entradas y salidas. Es el proceso que hemos vivido, que
he vivido muchas veces a lo largo de mi vida y que seguiré
viviendo muchas veces más. Y es también mi historia, el
camino que he recorrido... *so far*.

Este libro no es para los que saben todo, para los que
tienen las cosas claras, ordenadas y están llenos de certezas.
No es para los que viven sin duda alguna. No es para los
que tienen la verdad, ni menos para sus predicadores. Este
libro está escrito para aquellos que buscan, dudan, que
sueñan y que muchas veces han quedado paralizados por el
miedo, que han tenido la experiencia de que la vida no tiene
sentido (como dice el tango: "El mundo fue y será una
porquería"...), que buscan respuestas, que encuentran, que
las desechan, que a veces se sienten perdidos y otras mara-
villados de existir; que no creen en el "Dios Padre Todopoderoso" (el "pajarito mandón", como lo llamó Cortázar),
pues los desilusionó hace rato; que pueden gozar de la vida

a pesar de que les enseñaron que casi todo lo que les gustaba era malo o pecaminoso, a pesar de lo que muestran los noticiarios, las estadísticas y los vaticinios; que sobrevivieron al fin del mundo del 2000 y del 2012; que creen que es posible, que aman, que se comprometen, que vislumbran, sienten y saben que a pesar de todo hay un dios (solo con minúscula para no confundirlo con el anterior, pues, en estricto rigor, me parece que habría que escribir todas sus letras con mayúsculas), que en el fondo de sus corazones saben que hay algo más o mucho más, pero que no saben exactamente dónde buscar ni a quién creerle y que cada día aprenden a confiar más en su corazón; que muchas veces han sentido que una parte del día (y de sus vidas) la pasan solo pasándola, y otra sintiendo la *guata* apretada, que les dice que algo no anda bien, que viven un poco como también dice Cortázar, con una mitad del cuerpo adentro y la otra mitad afuera, y la mano de la mitad que está afuera cacheteando a la mitad que está adentro. Difícil, a veces, por decir lo menos.

Y que, de todas formas, al cerrar los ojos todos los días para meditar, sabes que la quietud está allí, en una aparente profundidad, pues llegar a ella es cada vez más fácil y, una vez allí, el universo se abre, se expande y se muestra en una inmensidad inconmensurable e incomprensible; y entonces eres parte de eso, o mejor, *eres eso (Tat Tvan Asi). Eso eres Tú, Tú eres Eso.*

Y claro, mi cabezota quiere entender, comprender. Pero ya algo he aprendido. ¿Para qué comprender? No es necesario, solo hay que dejarse ir y, en algún momento, cuando todo se ha calmado, expandido, diluido… ya no hay nadie, no hay nada, no hay yo, no hay tú, no hay universo… solo algo que es todo y nada, porque al serlo todo deja de ser algo. Un algo que llamamos *Totalidad* para nombrarla, y que al nombrarla deja de serlo (El *Tao* que puede ser nombrado no es el verdadero *Tao*). Y así, diluido en el *Todo*, sabiendo (no con la cabeza) que todo es perfecto, que todo calza… que ya no se puede entender ni expresar, ni nada. Solo Ser.

Entréme donde no supe:
y quedéme no sabiendo,
toda ciencia trascendiendo.

…

Estaba tan embebido,
tan absorto y ajenado,
que se quedó mi sentido
de todo sentir privado;
y el espíritu dotado
de un entender no entendiendo.
toda ciencia trascendiendo.
(San Juan de la Cruz, 1947, pp. 28-29)

Hace años comencé a escribir sobre lo que llamé *El Arte de Vivir*, sin duda un arte que se me escapaba. Haberlo llamado "el arte de sufrir" o "de amargarse la vida" hubiese sido más acertado. En realidad, era una búsqueda. Nunca entendí por qué mi búsqueda fue así, sufrida. Hoy sí… creo, o me da lo mismo… creo.

Y el inicio de parte de la historia es cuando yo era un adolescente. Dicen que esa palabra significa "adolecer", que algo no tiene, que algo falta —considerando que el adolescente carece de atributos como juicio, cordura, paciencia, capacidad de razonar. En realidad, viene del latín *adolescere*, que significa crecer, desarrollarse; de modo que adolescente en realidad significa "el que está creciendo". Yo estudiaba ingeniería en la universidad, y fue cuando dejé de creer en todo, cuando la sensación era más bien un *dale, dale Federico…*, como cantaba Gervasio; un solo seguir adelante sin razón alguna. Todas mis razones se habían caído; en realidad, se habían ido a la mierda, a la mismísima cresta, y solo quedaba el absurdo, la náusea de Sartre, el sinsentido de una libertad absurda como la de aquella película con Jack Nicholson, *Mi vida es mi vida*, el tener que seguir dándole, sin razones ni deseo.

Y ese 'tener que' era parte del absurdo, de esa angustia de todos los días, la *Angst* de Heidegger. El vivir la vida sin un sentido, sin deseo, para nada, pues nada se sostenía después de analizarlo un poco. Y era esta *Angst* lo que revelaba

33

la naturaleza fundamental de la existencia humana, la experiencia de la nada. Y entonces –peor aún para mí–, orgulloso de mi razón, empecé a pensar que era a través de la experiencia emocional y no por la vía del pensamiento conceptual que se nos revelaba lo que básicamente éramos como seres humanos. Así que, de lleno en la oscuridad y el dolor para entrar en mis pruebas.

La *Angst* en realidad es algo distinto a la ansiedad y a la angustia común y corriente. En realidad, es una emoción transcendental que combina la insoportable angustia de la vida con la esperanza de sobreponerse a esta aparente situación imposible. Sin el importante elemento de la esperanza, la emoción es solo ansiedad, no *Angst*. La *Angst* denota la lucha constante que uno tiene con la carga de la vida…, sin saber cuándo la salvación aparecerá. Es que no les digo lo genial que lo encontraba.

Sin duda que era –a pesar del dolor de guata– muy elegante: cualquiera tenía angustia o ansiedad, pero *Angst*, era otra cosa. Lo mío era la consecuencia de una profunda introspección filosófica después de leer –buscando alguna respuesta que nunca llegó– a Platón, Heidegger, Jaspers, Nietzsche, Ortega y Gasset, Kierkegaard, Kant, Russell y Sartre. Incluso a Teilhard de Chardin y a San Agustín. *Hácete esa.*

Y, además de profundo era fuerte, muy fuerte, porque empezó a aparecer la emoción como algo fundamental y de alguna manera anterior a la razón. ¿Dónde quedaba entonces mi cabezota que trataba de entenderlo todo? Y entonces empecé a leer psicología y me topé con una frasecita que era atribuida a Jung (no se es cierto o no, pero aquí va), y que fue del terror:

Las grandes decisiones de la vida humana están por lo general más relacionadas con los instintos y otros misteriosos factores inconscientes que con la voluntad consciente y la sensatez bien intencionada.

34

Tantas visitas a las librerías los días sábado buscando aquel libro, aquel filósofo que tendría las respuestas. Me dolía la guata cuando entraba, y salía –a veces– con la esperanza de haberlo encontrado. Pero nunca ocurrió; días después de la lectura venía la desilusión. Nada, otra vez nada. Y otra vez lo mismo. Tan capos y no se daban cuenta que estaban encerrados en su propio pensamiento, que sus conclusiones –si se atrevían a llegar a alguna– no eran más que ilusiones. ¿Podía acaso un hombre probar que dios existía? ¿Podía alguien con su razón entender lo inentendible? Al final, todas las teorías no eran más que una manera de "razonar" sus preexistentes conclusiones, de justificarlas.

Parecía que Jung tenía razón. Mejor dicho, que estaba en lo cierto.

Hacía rato que tanto pensador "analítico-racional", tanto argumento de filósofo me parecía absurdo. Detrás de sus palabras tan doctas y profundas (eso dicho con gran ironía y desprecio en ese entonces), no había más que una mezcla no reconocida de emociones, deseos, miedos, que no resistían ningún análisis... racional (o, al menos, el mío). La razón se pisaba la cola siempre, siempre. Y yo me quedaba sin nada, sin nada de que asirme, sostenerme, o sea, perdido en la inmensidad, o en la *"pequeñitud"*, el vacío, la nada... Y peor, me sentía inteligente y profundo con esto. Capo por esa *Angst*. Pobrecitos los demás que vivían en la ilusión, en *Maya*. Solo unos pocos elegidos podíamos ver, al menos, la ilusión. Aunque escapar de ella me parecía cada día más imposible.

Y dios creó la música. Los Beatles, Cream, Blind Faith, Led Zeppelin, Bob Dylan, Los Rolling Stones, Deep Purple, Crosby, Stills, Nash and Young, The Doors, Ten Years After, Jethro Tull, Fleetwood Mac, Santana, Pink Floyd, Jimmy Hendrix, Traffic, Credence Clearwater Revival, Rod Stewart.

Mi vida se llena de caminos que es necesario recorrer, y más y más pruebas.

How many roads must a man walk down
Before you call him a man?
…..
Yes, how many years can some people exist
Before they're allowed to be free?
Yes, how many times can a man turn his head
Pretending he just doesn't see?
The answer my friend is blowin' in the wind
The answer is blowin' in the wind.

Yes, how many times must a man look up
Before he can see the sky?
…..
Yes, how many deaths will it take till he knows
…..
The answer my friend is blowin' in the wind
The answer is blowin' in the wind.
(Dylan, 1963)

Y la búsqueda siguió con el yoga, los maestros y la filosofía oriental. El budismo, el hinduismo, en fin, otros ismos más. Y más caminos, la Cuarta Vía, el Noble Camino Óctuple (con el que el budismo me prometía el cese de *dukkha*, el sufrimiento, practicando la comprensión correcta, el pensamiento correcto, el hablar correcto, el actuar correcto, el medio de vida correcto, el esfuerzo correcto, la consciencia del momento correcta y la meditación correcta (¡Uf, tanta cosa correcta, fallé muy pronto!); en general, desarrollo espiritual. Y todos parecían negar la vida, los sentidos, el placer, el encuentro, una buena hamburguesa, el sexo; algo no me convencía.

Me encantaban sí los maestros zen, con sus ironías y *koans*: "¿Cuál es el sonido de una sola mano aplaudiendo?", y ese desafío: "Cada vez que pronuncies la palabra Buda enjuágate la boca"; irreverente y fascinante. Había frescura, vida en su manera de conectar con las verdades últimas. Se reían de ellas, reflejando profundamente esa historia sobre san Agustín, quien se encuentra con un niño-sabio tratando de vaciar el mar en un pequeño agujero en la arena. Ante la evidente irracionalidad que trata de explicarle el santo, el pequeño le contesta que eso es más fácil que su intento de entender a Dios. Me imagino a san Agustín corriendo como loco, ayudando al niño. Después de conocer a Alejandro Jodorowsky, yo lo hice como un acto mágico para parar mi cabezota.

Una historia: cuando el quinto patriarca zen decidió elegir a su sucesor, les solicitó a sus discípulos que escribieran un poema que expresara su profunda comprensión del zen. A medianoche, a la luz de una vela y sin que nadie lo supiera, Shen Hsiu, el monje de mayor antigüedad, escribió su poema en el corredor del templo:

El cuerpo es un árbol Bodhi
y la mente un espejo brillante.
En todo momento debemos esmerarnos en pulirlo
sin dejar que el polvo se junte.

Respuesta equivocada. Quien sería el sexto patriarca, el joven monje Hui-Neng, comentó:

El Bodhi originalmente no tiene árbol.
El espejo tampoco tiene superficie.
La naturaleza del Buda es siempre limpia y pura.
¿Dónde podría juntarse el polvo?[1]

No había espejo, no había nadie preguntando, no había pregunta, no había respuesta. Era mi mente buscando las respuestas y consiguiendo solo un palo en la cabeza. ¡Cada vez que preguntas te lo pierdes! La doctrina del Sutra del Descenso o *Lankavatara Sutra* nos dice que la conciencia es la única realidad, de modo que todo lo que existe en este mundo, y por tanto todas las formas de experiencia, no son

---

[1] Me atribuyo las versiones personales y no poéticas de: "The body is the Bodhi tree, The mind is like a clear mirror. At all times we must strive to polish it, And must not let the dust collect". Y la respuesta: "Bodhi originally has no tree, The mi-rror also has no stand. Buddha nature is always clean and pure; Where is there room for dust?" (Yampolsky, 1967, pp. 130-132).

más que manifestaciones de la mente. Más claro echarle agua.

Un día mi amigo Lalo Yentzen nos cuenta que había un curso extraordinario en la U. Católica: *Algunas consideraciones para la elaboración de una teoría acerca del hombre.* Ese título me enloqueció, sonaba como un modesto tratar de entender algunas cosas. Nos inscribimos y llegamos a la primera clase, que fue en una pieza donde había un sofá cama, un escritorio, varias sillas, unas diez minas y apenas tres hombres. Y todas ricas, hermosas. ¡Eso no era una sala de clases! Nos sentamos donde pudimos, yo absolutamente aterrado y perdido con mi cuaderno listo para tomar notas. Y aparece el profe, un colorín de anteojos, Alex Kalawski, quien comienza a hablar del pecado original. No creo que haya hablado ni media hora cuando se detuvo y dijo algo así como que le parecía que no nos interesaba el tema. Y sí, a mí sí me interesaba, pero no me atreví a abrir la boca; y varios dijeron que no, que no era interesante. Y Alex nos invita a que conversemos para definir qué íbamos a hacer en el curso. ¿¡¡Podía pasar eso en un curso en la universidad!!? ¿¡Podía un profe decir eso!? La segunda "clase" (disculpen, necesito ponerle comillas), fue en el jardín de la escuela de psicología, todos sentados en el pasto. Y Alex habló de Perls, Rogers, Laing y de un chileno, Naranjo. Y mis compañeras opinaban y preguntaban (me costaba imaginarme alguien opinando en la clase de ecuaciones diferenciales). Yo anotaba y anotaba y, de reojo, miraba las minas. En la tercera clase el "curso" se transformó en una terapia gestáltica. Y yo escondido y aterrado, perfeccioné la técnica samurái de hacerse invisible. Fue un despertar. Una revelación. Un encontrar. Un punto de quiebre en mi vida. Un antes y un ahora (¡¡gracias Alex!!).

Muchos años después con mi amiga Sima Nisis hicimos por mucho tiempo un diplomado en la Uniacc[2], donde solo procuré poder transmitir lo mismo a nuestros alumnos. ¡Y

---

[2] Universidad de las Artes y Ciencias de la Comunicación.

sí que lo logramos! (hemos descrito esta experiencia en un capítulo del libro colectivo *La Felicidad. Evidencias y experiencias para cambiar nuestro mundo*, Sonepsyn, 2013).

Y entonces aparecieron siete Maestros en mi vida: Maharishi Mahesh Yogui, Tshen Kin Chuan, don Juan (a través de Carlos Castaneda), Rolando Toro, Walt Whitman, Alan Watts y Fritz Perls.

Aprendí meditación trascendental y cambió mi vida: la angustia, la ansiedad, la búsqueda desesperada y desesperanzada empezaron a desaparecer. No sabía ni cómo ni por qué, pero me sentía mejor. Ya no era tan necesario leer y entender. Recuerdo enamorarme perdidamente ese verano, y claro, ella andaba con otro. ¡Maldición! Por supuesto, más me enamoré. Y la meditación me salvó de la desesperación total; esperaba con ansias la tarde para meditar y calmar mi angustia y dolor.

Y el Maestro Tshen nos enseñaba *tai chi* y *kung fu*. Fue mi maestro zen. El "aquí y ahora" de tanto libro pasó a ser la diferencia entre un puñetazo en la cara o lograr bloquearlo. Un descuido, un instante pensando en lo que sería, podía ser o había sido y *¡paf!* Y cada vez que me acercaba a él con un libro de budismo zen (y con los textos en chino de los libros de Alan Watts), el Maestro Tshen se burlaba de mí: hacía el signo de la cruz, me decía *"santo, santo"* y me mandaba a practicar riendo. Nos contaba que de niño muchas veces había llegado alguien a su pueblo diciendo que era el mejor, y si alguien lo desafiaba, la pelea era a muerte. Y que, cuando joven, si iba a otro pueblo lo hacía con la espada al hombro, la que muchas veces tuvo que usar para llegar a salvo a su destino. Pasaron muchos años antes de que entendiera. ¡Gracias Maestro!

Y apareció Rolando y yo empecé a ver alguna salida… o luz. Otra vez el Lalo corrió la voz de este curso lleno de minas donde se bailaba. Y para allá partimos. Y me topo con un señor que llegaba con un montón de *long plays* bajo el brazo y nos hacía danzar a Vivaldi (!!) y a Los Beatles. Y hablaba de sentir el mar, la arena bajo los pies, de mirarnos, de enloquecer de amor, mientras hacíamos una ronda tomados de la cintura recitando algo que parecía un mantra africano: *Samba-Cananda-Camina-Bum-Ba*, o *Ase-Sita-Hum*. ¡Delirio total!

Y Whitman apareció como lo máximo, cantando la vida desde el éxtasis y el placer:

Me celebro y me canto a mí mismo.
Y lo que yo diga ahora de mí, lo digo de ti,
porque lo que yo tengo lo tienes tú
y cada átomo de mi cuerpo es tuyo también.
…
Me gusta besar,
abrazar
y alcanzar el corazón de todos los hombres con mis brazos.
Me gusta ver entre los árboles el juego de luces y de sombras cuando la brisa agita las ramas.
Me gusta sentirme solo entre las multitudes de la ciudad,
en las estepas
y en los flancos de la colina.
Me gusta sentirme fuerte y sano bajo la luna llena
y levantarme cantando alegremente a saludar al sol.
(Whitman, 2007, p. 31)

Existo como soy; eso basta.
(Whitman, 1969, p. 54)

Y la razón dejó de ser el vehículo para "conocer" el mundo, para conocerme, para entender. Y mejor, me dejó de importar. Me pregunté si estaba loco antes o había enloquecido ahora. Tampoco me importó, estaba feliz.

Curioso, cómo la felicidad puede aplacar la más profunda de las búsquedas filosóficas, de las razones y las causas últimas. Será por eso que, como dicen algunos, hay que dominar los sentidos para ir por el camino de dios. ¿Quién quiere ir tras la iluminación, si está feliz? ¿O quizás eso es estar iluminado? Era mucho mejor soltar los sentidos y vivir la vida. Claro que tampoco –digamos, para ser honestos– era el desenfreno; pero pasar de casi cero a algo, es un salto cuántico maravilloso. Pasar de ser trancado a fluir con la vida, ha sido un lindo y largo camino. Ser profesor de biodanza ha sido mi regreso con el elixir para mí y todos aquellos a quienes he tocado (*so far*).

Y recuerdo esa historia que alguna vez leí sobre el encuentro de Perls, Castaneda, Murphy, Naranjo y Harner, "...cuando en algún momento Castaneda preguntó algo parecido a, '¿Cómo sé que la realidad consensuada (socialmente construida) es real?' Perls se acercó y lo abofeteó, no con rabia, sino como para demostrarle que la realidad no es *así* de consensuada. Los reportes difieren, pero la mayoría dice que Castaneda respondió con algo así como 'Fuck you, old man!' ¡Toma, aquí tienes! Dime ahora de qué realidad hablas" (Kripal, 2007, pp. 174-175, trad. propia).

Y el genial rezo de la Gestalt que leí en un libro de Perls:

Yo hago mis cosas, y tú haces tus cosas.
Yo no estoy en este mundo para vivir bajo tus expectativas
Y tú no estás en este mundo para vivir bajo las mías.
Tú eres tú, y yo soy yo.
Y si por casualidad nos encontramos, es hermoso.
Si no, no hay nada que hacer.
(Perls, 1972, p. i)

Hace poco mi amigo Iván Arriagada (su intuición me salvó de morir de una peritonitis) me habló de Sixto Rodríguez, desconocido cantautor gringo, aunque famosísimo en Sudáfrica. Fue una vuelta a la tuerca fuerte después de todos estos años.

I wonder how many times you've been had
And I wonder how many plans have gone bad
I wonder how many times you had sex
I wonder do you know who'll be next
I wonder I wonder wonder I do

I wonder about the love you can't find
And I wonder about the loneliness that's mine
I wonder how much going have you got
...

I wonder will this hatred ever end
I wonder and worry my friend
I wonder I wonder wonder don't you?
(Rodríguez, 1970)

So, I'm still wondering… and on the road again… forever…

Y ese cuento hermoso (que me contó mi amigo Hernán Feliú) del hombre que ha buscado por todas partes y con todos los maestros, sin encontrar las respuestas. Ya vencido y aburrido, deambula viviendo sin sentido. Un día un gran amigo y buscador le cuenta que hay un maestro perdido arriba en Hua-Shan, una de las cinco montañas sagradas de China, quien posee la Gran Verdad. Ansioso parte, y será su última búsqueda, se lo promete. Ya en los pies de la montaña la escala por el camino que recorre las paredes verticales y los acantilados de cientos de metros de altura. Al llegar al último templo, el más alto, lo recibe el sonriente Maestro. Sabe que pocos lo logran, de modo que feliz le ofrece una taza de té al buscador, quien ansioso solo lo urge por sus conocimientos con su única pregunta: ¿cuál es la Gran Verdad? El Maestro lo mira lleno de compasión y amor y lo invita a seguirlo a un punto desde el cual se observa todo el paisaje: literalmente es tener el mundo a los pies. Tras unos minutos de absorta contemplación le pregunta al recién llegado: "¿Seguro que quieres conocer la Gran Verdad?" El ansioso "sí" no se deja esperar. Y el Maestro, con un gentil gesto de su brazo y mano, le muestra el mundo a sus pies. "Esta es", le dice. Pasan unos segundos y viendo la cara de asombro del hombre, le pregunta: "¿O no?"

Probablemente el Tao Te King lo diga mejor:

道可道，非常道。名可名，非常名。無名天地之始；有名萬物之母。故常無欲，以觀其妙；常有欲，以觀其徼。此兩者，同出而異名，同謂之玄。玄之又玄，衆妙之門。

Y para los que no leen chino, en español:

42

El Tao que puede ser expresado no es el Tao Absoluto.
El nombre que puede ser revelado no es el Nombre Absoluto.
Sin-nombre es el principio del Cielo y la Tierra
Con-nombre es la Madre de todas las cosas
Así
Quien permanece sin deseos contempla el Misterioso Principio
Quien guarda deseos contempla los límites de las apariencias
Ambos son idénticos en su Origen
Y distintos sus nombres al hacerse manifiestos
Este misterio se llama Infinita Prosperidad
Profundidad no desvelada aún por el hombre
Que es la Puerta de todas las Maravillas del Universo.
(Lao Tse, 1972, p. 21)

Creí por un momento que ya mucho por aprender no me quedaba. ¡Que equivocado estaba! El 1 de marzo de 2018 "me dio" un ataque cardio vascular o ACV. Yo no tuve nada que ver, por supuesto. Yo creía que las pruebas estaban todas superadas y ahora era el momento de recibir el elixir, mi premio. No, era el momento de ser un héroe de verdad, no solo de comic. De comerme mis palabras, mis propias enseñanzas (doblemente presuntuoso) y de ser de verdad, al menos, heroico. Los libros han sido importantes en esta etapa, pero mucho más lo han sido las personas… y el aprendizaje ha sido duro. La verdad es que estoy agradecido.

Una persona que está solamente en el mundo racional no vive. Se necesita abrir las puertas al mundo de los arquetipos, del arte, de la curación: un mundo de locura (Naranjo, 2014, p. 14).

Durante muchos años pensaba que había algo que no me cuadraba en esto de los héroes de capa y espada, míticos, o perdidos en el tiempo. Como veremos, lord Raglan, nos dice que todos son hijos de reyes o dioses: ya empezamos mal. Hoy en día nadie era héroe o podría realizar un acto heroico, pues sin capa o espada, o padres normales, no puede ser. Y encontré al *everyday hero*, o héroe cotidiano, con una definición de un estudiante, Arthur Kubecka, en un comentario de la *web*, y que me encantó: "That one guy who holds the door open for you… That one teacher who gave you a piece of encouragement and meant it…", que significa algo como "ese tipo que mantiene la puerta abierta para ti… ese profesor que te dio su apoyo y en serio…" (Quora, s.f.) O sea que los héroes sí podían existir. El tipo que te mantiene la puerta abierta sí existía hoy. Y encontré un libro de Pilar Jericó, *El héroe cotidiano*, que habla justamente de eso, del héroe "común y corriente".

Me hizo recordar el poema *La invitación*, cuando dice:

Quiero saber si puedes levantarte
después de una noche de aflicción y desesperanza,
agotado y magullado hasta los huesos,
y hacer lo que sea necesario para alimentar a tus hijos.
…
Quiero saber lo que te sostiene desde el interior,
cuando todo lo demás se derrumba.
(Oriah Mountain Dreamer, 2000, pp. 11-12).

Los héroes y heroína cotidianos "se salvan a sí mismos de las dificultades, del dolor de sus propias sombras o de los momentos de desesperación personal" (Campbell cit. por Jericó, 2010). La salvación, de lo que sea, no depende de los demás, sino de cada uno de nosotros, y llegó el momento de asumirla.

Este libro es mi manera de golpear esta puerta con el deseo que se abra para mí. De entrar en la vida mítica, de la sanación, de los milagros, del arte, de lograr ver el misterio de la vida y la muerte, del gran Cosmos, de la Gran Reina Madre. De alguna manera describe o da cuenta de mi viaje interior, de mi búsqueda y de mis descubrimientos.

3. El cambio del águila o el llamado al cambio

La historia de "muerte y resurrección" del águila ha ayudado a muchas personas. Cierta o falsa, inspirada en el *Libro de los Salmos* o no, es hermosa, y nos muestra cómo, en algún momento de nuestras vidas, nos renovamos o morimos. Dice así:

El águila es el ave de mayor longevidad de su especie; llega a vivir setenta años, pero para llegar a esa edad, a los cuarenta años deberá tomar una seria y difícil decisión.

A las cuatro décadas de vida sus uñas se vuelven apretadas y flexibles, sin conseguir tomar a sus presas con las cuales se alimenta.

Su pico largo y puntiagudo se curva apuntando contra su pecho, sus alas envejecen y se tornan pesadas y de plumas gruesas. Volar se le hace ya muy difícil. Entonces el águila tiene solamente dos alternativas: morir o enfrentar su doloso proceso de renovación, que durará 150 días.

Ese proceso consiste en volar hacia lo alto de una montaña y quedarse ahí, en un nido cercano a un paredón, en donde no tenga la necesidad de volar.

Después, al encontrarse en el lugar, el águila comienza a golpear con su pico en la pared hasta conseguir arrancarlo. Luego de hacer esto, esperará el crecimiento de un nuevo pico con el que desprenderá una a una sus uñas talones. Cuando los nuevos talones comienzan a nacer, comenzará a desplumar sus plumas viejas.

Finalmente, después de cinco meses muy duros, sale para el famoso vuelo de renovación que le dará treinta años más de vida. (s.f.)

Todos hemos llegado en más de una ocasión a algún momento de quiebre en nuestras vidas, donde la historia del águila nos hace pleno sentido: o nos renovamos o morimos. Y es en un momento como este –ahora– donde emprendemos un viaje de transformación. Haremos un alto en el camino, en nuestra vida cotidiana, para retirarnos por algún tiempo. Siguiendo el ejemplo del águila, volaremos hacia una alta montaña para desprendemos de nuestras viejas uñas y plumas, deshaciéndonos de inútiles hábitos, costumbres, creencias, e incluso —de ser necesario— de nuestra vieja identidad. En fin, de todo aquello que dificulta nuestro cambio, nos pesa y ata al pasado.

4. Los mitos

El mito es el sueño colectivo del pueblo. (Rank, 1914, p. 6)

Los mitos son los sueños de la gente y el sueño es el mito del individuo. (Abraham, 1913, pp. 4-5, trad. propia).

Los mitos son grandes historias que han sido contadas muchas veces por muchos años por muchas personas con muchas variaciones culturales, que han llegado a ser parte de la estructura de nuestra conciencia.
O mejor sería más preciso ponerlo al revés.
Los mitos expresan el código profundo de la conciencia humana que la gente de todos los tiempos y todos los lugares se han sentido obligadas a contarlas una y otra vez para expresar las verdades más profundas que ellos conocen de sí mismos. (Houston, 2007, p. 127, trad. propia)

…los mitos siguen funcionando como lo hacían antes de que las teorías psicológicas fuesen inventadas: los mitos parecen articular ciertos modelos de crecimiento arquetípicos y profundos. (Metzner, 2006, p. 20)

¿Por qué nos atraen tanto los mitos, esos relatos llenos de heroísmo y aventuras? ¿Y por qué son muy parecidos en todas partes, independientes de la cultura, del país y época? Historias llenas de seres que nos parecen sobrenaturales, mágicos y capaces de grandes hazañas y logros. ¿Qué vemos en ellos? A veces nos parece que me hablan de cosas que, dentro de nosotros –y aunque quizás no lo entendamos– sabemos que son ciertas, que expresan quizás algo vivido hace mucho mucho tiempo, nostalgia de algo o una remembranza. De modo que podrían ser historias vividas que dan fundamento a nuestro ser, y que hemos heredado de todos los que vivieron antes que nosotros. Seguramente de nuestros ancestros y antepasados, pero también de la humanidad entera, de cada ser que ha pisado esta tierra incluidos aquellos que hace unos cientos de miles de años llegaron desde el espacio lejano y nos dieron forma, vida y conocimiento. De alguna manera mi vida resuena con un mito, el que es una suerte de clave o guía por el camino que nos acerca a la fuente espiritual.

Lo que resulta sencillamente fascinante, porque están hablando del misterio profundo que hay en ti y en todo lo demás. Es un *misterium*, un misterio, *tremendum et fascinans*, tremendo, estremecedor, porque destruye todas tus ideas preconcebidas sobre las cosas, y al mismo tiempo fascinante, porque es tu propia naturaleza y tu propio ser. Cuando empiezas a pensar en estas cosas, en el misterio interior, la vida interior, la vida eterna, no dispones de muchas imágenes... (Campbell y Moyers, 1996, p. 72)

De modo que los mitos nos muestran los grandes misterios de la vida: del nacimiento y la muerte, de la creación del universo, de nuestra búsqueda de sentido, de la pasión amorosa, de nuestras vidas anteriores, de las innumerables formas de nacer y morir que experimentamos varias veces en nuestras muchas vidas; en fin, de la forma de conectar con todo lo que existe. Son así, una serie de historias, rituales, costumbres, enseñanzas, que relatan la vida entera dándole un sentido y dirección a una persona, familia y comunidad o cultura.

Claro que, por cierto, desde hace mucho el mito ha sido considerado como una ficción o una invención, algo ilusorio sin algún sustento histórico. De modo que para el saber popular a lo más son viejas historias que relatan hechos en parte verídicos, aunque adornados por la imaginación de sus relatores. Claro, hoy hemos dado un paso, y algún valor más allá de historias populares se les da, considerándolos una parte de la 'cultura primitiva'.

Según Malinowski lo más importante de la tesis que propone es que

existe una clase especial de historias consideradas sagradas, inspiradas en rituales, la moral y la organización social y que constituyen una parte integrante y activa de la cultura primitiva (...) que son, para los nativos, asuntos de una realidad primordial, más grande y más importante, por medio de las cuales la vida, el destino y las actividades de la humanidad están determinadas y cuyo conocimiento le proporciona al hombre el motivo del ritual y de las acciones morales, junto con indicaciones de cómo celebrarlas (Malinowski, 1948, pp. 85-86, trad. propia).

El mito cumple "en la cultura primitiva, una función indispensable: expresa, exalta y codifica las creencias; cuestiona y refuerza la moralidad; garantiza la eficiencia del ritual y contiene reglas prácticas para guiar al hombre" (Malinowski, 1948, p. 79, trad. propia).

Y, yendo más allá de las 'culturas primitivas', señala que el mito…

no es una especulación ociosa sobre los orígenes de las cosas o de las instituciones. Ni es un producto de la contemplación de la naturaleza o una interpretación rapsódica de sus leyes. La función del mito no es explicativa ni simbólica. Es la exposición de un acontecimiento extraordinario, un suceso que estableció de una vez por todas el orden social de una tribu o de alguno de sus empeños económicos, artes y oficios, o de su religión, o bien de sus creencias y ceremonias mágicas. El mito no es simplemente una atractiva pieza de ficción que se mantiene viva por el interés literario de la historia. Es una exposición de la realidad originaria que vive en las instituciones y empeños de una comunidad. Justifica mediante precedentes el orden existente y proporciona una pauta retrospectiva de valores morales, de discriminaciones y cargas sociológicas y de creencias mágicas (Malinowski, 1975, p. 119).

De modo que el mito no es un relato, una ficción; es una realidad viviente que influye y rige el destino humano.

Para Mircea Eliade la mejor definición de mito es que este:

… cuenta una historia sagrada; relata un acontecimiento que ha tenido lugar en el tiempo primordial, el tiempo fabuloso de los "comienzos". Dicho de otro modo: el mito cuenta cómo, gracias a las hazañas de los Seres Sobrenaturales, una realidad ha venido a la existencia, sea ésta la realidad total, el Cosmos, o solamente un fragmento: una isla, una especie vegetal, un comportamiento humano, una institución. Es, pues, siempre el relato de una "creación": se narra cómo algo ha sido producido, ha comenzado a ser. El mito no habla de lo que ha sucedido realmente, de lo que se ha manifestado plenamente. Los personajes de los mitos son Seres Sobrenaturales. Se les conoce sobre todo por lo que han hecho en el tiempo prestigioso de los 'comienzos'. Los mitos revelan, pues, la actividad creadora y desvelan la sacralidad (o simplemente la 'sobrenaturalidad') de sus obras. En suma, los mitos describen las diversas, y a veces dramáticas, irrupciones de lo sagrado (o de lo 'sobrenatural') en el Mundo. Es esta irrupción de lo sagrado la que *fundamenta* realmente el Mundo y la que le hace tal como es hoy día. Más aún: el hombre es lo que es hoy, un ser mortal, sexuado y cultural, a consecuencia de las intervenciones de los seres sobrenaturales. (Eliade, 1991, p. 12).

Así los Pawnee distinguirían entre los mitos o *historias verdaderas*, y los cuentos, que llaman *historias falsas*. Y las historias "verdaderas"…

son todas aquellas que tratan de los orígenes del mundo; sus protagonistas son seres divinos, sobrenaturales, celestes o astrales. También las que narran las aventuras de un héroe que llegó a ser el salvador de su pueblo y, por último, las historias de los chamanes. Las historias "falsas" son las que cuentan las aventuras del coyote o del lobo de la pradera. En resumen, en las historias "verdaderas" estamos frente a frente de lo sagrado o de lo sobrenatural, mientras que las "falsas" solo tienen un contenido profano (Eliade, 1991, p. 15).

Lo mismo ocurre con los Cherokees y otros indígenas: todos distinguen entre los mitos sagrados que tratan de la cosmogonía, la creación de los astros, el origen de la muerte —es decir, hechos que han tenido lugar realmente— de las historias profanas, que no tienen base real alguna (Eliade, 1991).

En resumen:

…de una manera general se puede decir que el mito, tal como es vivido por las sociedades arcaicas, 1.°, constituye la historia de los actos de los Seres Sobrenaturales; 2.°, que esta Historia se considera absolutamente *verdadera* (porque se refiere a realidades) y *sagrada* (porque es obra de los Seres Sobrenaturales); 3.°, que el mito se refiere siempre a una 'creación', cuenta cómo algo ha llegado a la existencia (…) 4.°, que al conocer el mito, se conoce el 'origen' de las cosas (…) 5.°, que, de una manera o de otra, se "vive" el mito, en el sentido de que se está dominado por la potencia sagrada, que exalta los acontecimientos que se rememoran y se reactualizan.

"Vivir" los mitos implica, pues, una experiencia verdaderamente "religiosa", puesto que se distingue de la experiencia ordinaria, de la vida cotidiana. La "religiosidad" de esta experiencia se debe al hecho de que

50

se reactualizan acontecimientos fabulosos, exaltantes, significativos; se asiste de nuevo a las obras creadoras de los Seres Sobrenaturales; se deja de existir en el mundo de todos los días y se penetra en un mundo transfigurado, auroral, impregnado de la presencia de los Seres Sobrenaturales. No se trata de una conmemoración de los acontecimientos míticos, sino de su reiteración. Las personas del mito se hacen presentes, uno se hace su contemporáneo. Esto implica también que no se vive ya en el tiempo cronológico, sino en el Tiempo primordial, el Tiempo en el que el acontecimiento *tuvo lugar por primera vez*. (…) En suma, los mitos revelan que el mundo, el hombre y la vida tienen un origen y una historia sobrenatural, y que esta historia es significativa, preciosa y ejemplar (M. Eliade, 1991, pp. 25-26).

Por tanto, el espacio ritual donde se repetía el mito permitía al hombre existir en el mismo tiempo que esos Seres Sobrenaturales o sagrados que habían por primera vez realizado el acto. Así el hombre entraba en un espacio sagrado donde el acto original se repetía no solo como una imitación sino como una vivencia del momento auténtico y fundador. De esa manera lo sagrado era parte de la vida cotidiana, dando al hombre la oportunidad de revivir una y otra vez la historia para recomenzar. Tenían sentido, entonces, ciclos con su inicio y fin, la regeneración y muerte de la vida.

Al contrario de estas "sociedades primitivas" el hombre moderno vive en la historia, la que existe desde que puede dar linealidad al tiempo registrando los hechos. Se acaba así el tiempo cíclico, dando lugar al tiempo histórico; desaparece el tiempo sagrado y solo queda el tiempo profano, el de los actos sin sentido.

Afortunadamente, el hombre no ha perdido completamente la conexión con lo sagrado, y logra a veces –a pesar de todo, incluido sí mismo– instantes en que consigue ir más allá de la estrecha dualidad de su existencia. Son momentos portentosos y reveladores en que –seguramente sin entender qué pasa– entra en el espacio sagrado, eterno y mágico, yendo más allá del tiempo lineal que limita su existencia.

En resumen, al "vivir" los mitos se salen del tiempo profano, cronológico, y se entra en el Tiempo Sagrado, tiempo en el cual se participa de los acontecimientos de los Seres Sobrenaturales. Y el valor del mito es que es percibido como historia sagrada y significativa por cualquier persona en el mundo entero.

Cuando nos conectamos con un mito participamos de las imágenes y símbolos eternos de la historia de la humanidad, y la verdadera magia del mito reside en que esta historia, imagen y símbolo se relaciona exactamente, es decir sincrónicamente, con las condiciones temporales de nuestra vida en ese momento. Vivir un mito es conectar con la tradición sagrada y constituye una revelación primordial.

Así, cumplen una doble función: por un lado, buscan explicar estos misterios, de hacernos entender, de encontrar nuestra razón de ser y estar en este mundo y, por otra —al inspirarnos y abrirnos puertas desconocidas— nos muestran posibilidades y lugares que nos llaman, haciendo eco en nuestra alma. Los mitos son antiguas historias… que quizás nunca ocurrieron… o sí son obra de los Seres Sobrenaturales… y que nos ofrecen respuestas a esas preguntas fundamentales o perennes como: ¿quién soy?, ¿de dónde vengo?, ¿a dónde voy?, ¿qué es la realidad?, y muchas más. Son preguntas que buscan encontrar un sentido a nuestra conciencia del sí mismo, de lo que nos rodea y, finalmente, de toda la realidad. Son preguntas perennes, porque han aparecido desde que el hombre existe, sea cual sea la civilización y época en que ha vivido. Más presentes o no en nuestra vida, dependerán de nuestra relación con la vida. ¿Qué le da sentido a cada día que vivimos, a nuestro trabajo, al sufrimiento, al amor, a nacer y morir? ¿O no hay sentido alguno y estamos destinados a perdernos en la nada, en un vacío sin sentido alguno?

Acostumbrados como estamos —y casi obligados, al desconocer otro camino— a buscarles una interpretación como si fueran fenómenos e historias que les ocurren a otras personas, nos perdemos lo esencial. Y *lo esencial es que cada mito es mi historia. Un momento de mi historia en mí ya largo camino en este universo.*

De allí entonces que la madre con su hijo sea una de las imágenes básicas de toda mitología. Constituye en sí la primera experiencia de todo ser humano en esta Tierra. Es experimentar la Totalidad, el ser uno en paz y completitud, siendo así la primera experiencia de armonía que tenemos con este cuerpo, así como, también, la primera desgarradora experiencia de perderla, al nacer a esta vida terrenal. Nacemos ya viviendo la dualidad de conocer la Totalidad, el estar fundido con el Universo entero, y de su pérdida.

Todo mito es el reflejo del alma humana. Todo mito representa una historia del alma humana. Los mitos nos hablan de nuestro camino como seres humanos en esta tierra y fuera de ella, y de la búsqueda de sentido y de las respuestas a todas nuestras grandes preguntas.

No sería exagerado decir que el mito es la entrada secreta, por la cual las inagotables energías del cosmos se vierten sobre las manifestaciones culturales humanas. Las religiones, las filosofías, las artes, las formas sociales del hombre primitivo e histórico, los primeros descubrimientos, científicos y tecnológicos, las propias visiones que atormentan el sueño, emanan del fundamental anillo mágico del mito (Campbell, 1999, p. 11).

Encontramos en los mitos las historias de búsqueda y liberación. El héroe busca y encuentra, se libera del yugo que lo oprime; lucha contra sus opresores y carceleros, venciéndolos. Encuentra el camino para transformar su dolor en alegría y paz, la que de alguna manera es el regreso a esa fusión desde la cual inició este camino con un grito de identidad al nacer.

Las historias míticas y las metáforas son el lenguaje del inconsciente, la manera como se expresan y aparecen las grandes historias de la humanidad, el aprendizaje de todo nuestro linaje, de todos y cada uno de nuestros ancestros.

Y aunque nos puede parecer que los mitos no son más que cuentos o historias que nada tienen que ver con nosotros, hombres racionales y modernos,

53

Freud, Jung y sus seguidores han demostrado irrefutablemente que la lógica, los héroes y las hazañas del mito sobreviven en los tiempos modernos. Como se carece de una mitología general efectiva, cada uno de nosotros tiene su panteón de sueños, privado, inadvertido, rudimentario pero que obra en secreto. La última encarnación de Edipo, el continuado idilio de la Bella y la Bestia, estaban esta tarde en la esquina de la Calle 42 con la Quinta Avenida, esperando que cambiaran las luces del tránsito (Campbell, 1999, p. 12).

De modo que muchos de los episodios de nuestras vidas –incluso aquellos que nos parecen aburridos y cotidianos– pueden tener grandes significados y respuestas a algunas de nuestras grandes preguntas: ¿acaso tomar un bus todas las mañanas es un simple acto rutinario que no cumple propósito alguno en nuestras vidas? Lamentablemente eso es lo que hemos hecho: quitarle todo significado, para dejarnos solo rutina y sin sentido. En el mismo carro podría viajar el amor que transforma nuestras vidas, esa aventura que tanto anhelamos y que hoy rechazamos al 'estar siempre conectados' …al chat de nuestro celular. O en palabras de Anthony de Mello, "Cuando el sabio señala con el dedo a la luna, lo único que ve el idiota es el dedo" (1998, p. 141).

¿Y cuáles son estas grandes y eternas preguntas? Sam Keen nos hace un resumen de las preguntas contenidas en todas las mitologías:

¿De dónde vengo?
¿Por qué hay algo en vez de nada?
¿Por qué existe la maldad en el mundo?
¿Qué pasará cuando me muera?
¿A quién pertenezco?
¿En qué medida debería estar cerca de mi madre, padre, hermano, hermana, mujer, marido, primo, hijo, hija, amante o amigo?
¿Cuáles son mis responsabilidades, mis obligaciones?
¿Qué es tabú y qué debo evitar?
¿Cuál es el propósito de mi vida, mi visión?
¿A quién debo imitar?
¿Quiénes son los héroes y las heroínas?
¿Quiénes son los villanos?
¿Quién es nuestro enemigo?

¿Cuáles son las etapas a lo largo del camino de la vida?
¿Quiénes son mis ayudantes, guías, aliados?
¿Qué es la enfermedad?
¿Cómo puedo ser purificado, sanado?
¿Qué debemos hacer con la abundancia, las riquezas, el exceso?
(Keen y Valley-Fox, 1993, pp. 17-18).

Y agrego a todas ellas las tres grandes preguntas que nos hacía Rolando Toro: ¿Dónde quieres vivir?, ¿con quién quieres vivir? y ¿qué quieres hacer con tu vida? Tres preguntas en apariencia sencillas, pero que si las meditamos un poco definen en gran medida nuestras vidas.

Campbell nos cuenta de la gran búsqueda de Jung:

Se preguntó a mí mismo, '¿Cuál es el mito que estás viviendo'? y encontró que no lo sabía. 'De modo que de la manera más natural me propuse saber *mi* mito, y la vi como la tarea de las tareas...yo simplemente tenía que saber qué inconsciente y preconsciente mito me estaba formando'... (Jung, 1977, pp. xxi-xxii, trad. propia).

De modo que repito la pregunta: ¿qué mito estoy viviendo? Porque –mirando en retrospectiva– muchas de esas preguntas han estado presentes a lo largo de nuestras vidas y sin duda nos han guiado a tomar grandes decisiones, sin siquiera imaginar algún mito.

Y si saber qué mito estamos viviendo es la tarea de las tareas, ¿qué función cumple el mito en nuestras vidas?, ¿qué importancia puede tener saberlo y cómo podría eso afectarlas o cambiarlas? Y, por último, una pregunta práctica que le he hecho a más de un maestro, a muchas enseñanzas y teorías que nos dicen cómo deben ser las cosas, cómo vivir la vida: si logro responderme esas preguntas, ¿cómo llevo esa enseñanza a mi vida, es decir, cómo hago práctico este conocimiento?

Y en la respuesta a esa última pregunta está implícita una de mis creencias: no basta con saber con la cabeza. Se requiere algún tipo de conocimiento más encarnado, más emocional, más vivencial. Son tantas personas que saben tantas cosas, que predican tantas cosas y –por alguna razón

55

que no entiendo– no las viven ni practican. Son tantas las experiencias del pasado que nos siguen atormentando, tantos honestos, firmes propósitos y promesas nunca realizadas, tantos sueños rotos, tantas bellas intenciones olvidadas.

Y para ir terminando este capítulo con algo suave... Campbell dice que la mitología es el estudio de la gran *historia única de la humanidad*. ¿Y cuál es esa gran historia única?

La que cuenta que procedemos de un campo único de ser, como manifestaciones en el campo del tiempo. El campo del tiempo es una especie de juego de sombras sobre un fondo intemporal. Y jugamos el juego en el campo de sombras, ponemos en acción nuestro lado de la polaridad con todo nuestro poder (Campbell y Moyers, 1996, pp. 91-92)

Procedemos de lo intemporal, del Ser-Único-Inmanifiesto, del campo de todas las posibilidades, del campo unificado, del Tao Absoluto e inexpresado, del Sin-nombre... que se manifiesta desdoblándose en infinitos pares complementarios y aparentemente opuestos, en una existencia que a los ojos del Ser aparece como una proyección sobre una pantalla; pantalla y proyección que son irreales aunque manifiestos, como un juego de luces y sombras del que participamos como observadores... o al menos eso creemos, pero del que en realidad somos los creadores, pues si prestamos mucha atención (o dejáramos de prestar atención) nos daríamos cuenta que ese Ser está dentro de nosotros... Lo que es un error, porque cuando decimos eso creamos un interior y un exterior, y equivale a decir que no está afuera, lo que es falso, pues está en todas partes... Y no digas que no te lo dijeron de chico, solo recuerda la pregunta de la monjita... "¿Dónde está Dios?" Y la respuesta: "En todas partes". Claro que ese dios es del tipo que Cortázar llamaba "el pajarito mandón", y del Dios que me atrevo a hablar ahora es ese del que no se puede hablar, porque cuando lo hago se me escapa.

Se ha dicho con razón que la mitología es la penúltima verdad; la penúltima, porque la última no puede traducirse en palabras. Está más allá de las palabras, más allá de las imágenes, más allá del aro de la rueda budista del devenir. La mitología pone en contacto a la mente con el más allá de ese límite, con lo que puede ser conocido pero no dicho. Por eso es la verdad penúltima (Campbell y Moyers, 1996, p. 234).

El mito "coordina a la persona viviente con el ciclo de su propia vida, con el entorno en el que está viviendo, y con la sociedad que ya ha sido integrada en el entorno" (Campbell, 2000, p. 52). Los mitos expresan la vida humana, cualquiera sea el lugar o la época. Todo el ciclo de la vida es el mismo: nacimiento, desarrollo, vejez y muerte. Así, la vida del hombre moderno tiene los mismos estadios que el que vivió hace cientos de años en la Edad Media o hace miles en las cavernas. Sus experiencias son las mismas, su búsqueda la misma, sus grandes temores y miedos, los mismos; sus sueños los mismos. Quizás hace cientos de años el hombre le temió al búfalo de las praderas y el de hoy a volar en avión; pero el miedo a la muerte es el mismo. El paso de niña a mujer y de niño a hombre adulto; la primera menstruación y la primera cacería; la primera noche con un hombre o una mujer; y la primera noche en la soledad del bosque oscuro, traerán a sus cuerpos la memoria ancestral de miles de vidas y muertes, de los temores y peligros que nos acechan de adultos. Y también, quizás, en una noche estrellada, al mirar al cielo, algún recuerdo de aquellos tiempos en que volábamos en una nave interestelar por el espacio infinito, de estrella en estrella.

Tienes el mismo cuerpo, las mismas experiencias corporales, de ahí que respondas a las mismas imágenes. Por ejemplo, una imagen constante es la del conflicto del águila y la serpiente. La serpiente apegada a la tierra, el águila en un vuelo espiritual... ¿no es un conflicto que experimentamos todos? Y entonces, cuando se amalgaman, tenemos un maravilloso dragón, una serpiente con alas. En toda la tierra la gente reconoce estas imágenes. En mitos polinesios o iroqueses o egipcios, las imágenes son las mismas, y hablan de los mismos problemas (Campbell y Moyers, 1996, p. 71-72).

Hay algunos mitos famosos que han pasado a ser parte de nuestra sabiduría popular. El héroe Gilgamesh, quien emprende su viaje en búsqueda de la planta que da vida eterna y devuelve la juventud; Jasón, el que partió junto a los argonautas en busca del vellocino de oro que le permitiría reclamar el trono de Yolcos; Odiseo, el que después de la guerra contra Troya emprende el viaje de regreso a Ítaca, donde lo espera la famosa Penélope; Eneas, quien tras la caída de Troya escapó liderando a los troyanos hacia la futura Italia. Jonás es tragado por la ballena al evadir el mandato de Yahvé de predicar su mensaje. Hércules emprende sus viajes para cumplir con las doce tareas que le impone Euristeo, su envidioso primo, y tiempo después –a pesar de su famosa fuerza– moriría como consecuencia de un ataque de celos de su esposa Deyanira (no superó la *gran* prueba…). Dante, quien hiciera sus viajes por el infierno, el purgatorio y el paraíso en busca de la purificación. El capitán Ahab, en su viaje para cazar a Moby Dick, el enorme cachalote blanco (novela que estaría inspirada en la historia real de Mocha Dick, cetáceo albino que vivía cerca de la isla Mocha, al sur de Chile, atacando barcos y marineros). Moisés, a quien Dios le diera la tarea de liberar al pueblo hebreo de la esclavitud en Egipto y conducirlo a la Tierra prometida; Moisés, el que guía al pueblo en su éxodo.

Trabajar con mitos o con figuras mitológicas que han pasado por diferentes pruebas nos puede permitir sentirnos identificados. Esto hace que la experiencia que contienen nos sirva de inspiración, al reflejar nuestras vidas en la de ellos o ellas. De esa manera nuestra "pequeña historia" puede pasar a ser una "gran historia" y, así, nuestra historia personal y cotidiana podemos verla en una perspectiva más amplia. Conectar con la pasión de Isis, la búsqueda de Parsifal, los trabajos de Hércules, el viaje de Ulises, la búsqueda de Rumi y el descenso al Inframundo de Inanna, nos permitirán descubrir que sus historias son también las nuestras.

Requeriremos probablemente muchas aventuras míticas del alma para re-telar nuestro cuerpo y mente. Pero eso es necesario si hemos de volver a nuestra vida cotidiana con sabiduría traída desde las profundidades que pueda ser usada para redimir la 'visión no leída del sueño superior' inherentes en el ser y la sociedad. (Houston, s.f., trad. propia)

En cada viaje encontraremos una metáfora que se aplica a nuestras vidas, permitiéndonos resolver conflictos; descubrimos nuevos aliados y maestros que nos socorrerán en el momento oportuno. Y dándole a nuestras vidas una nueva mirada y energía. Quizás nos baste con descubrir que tenemos la fuerza y las capacidades para superar nuestros conflictos y seguir adelante. Solo si aprendemos a confiar en ella y en nosotros.

5. Los ritos de paso

Llega un momento en que es necesario
abandonar las ropas usadas que ya tienen la forma de nuestro
cuerpo
y olvidar los caminos que nos llevan siempre a los mismos lugares.
Es el momento de la travesía. Y, si no osamos emprenderla,
nos habremos quedado para siempre al margen de nosotros
mismos.
(Pessoa, cit. por Pérez, 2016, p.2)

Al hablar de los mitos Mircea Eliade hace una distinción del espacio-tiempo, donde existen un tiempo profano y uno sagrado, no siendo este último ni homogéneo ni continuo, sino más bien circular, reversible y recuperable. Además, estos dos tiempos no coexisten en la misma temporalidad, con una evidente incompatibilidad entre uno y otro; aunque sí es posible ir de uno a otro, o más precisamente, pasar de nuestro cotidiano tiempo profano al sagrado o mítico. Para esto están los ritos mediante los cuales el hombre puede pasar desde lo temporal a lo sagrado.

A medida que retrocedemos en el tiempo hacia culturas más "primitivas", encontramos una mayor preponderancia del mundo sagrado sobre el mundo profano. Hasta tal punto, que puede englobar casi todos los grandes aspectos de la vida del hombre: su nacimiento y muerte; el crecer y desarrollarse; la adolescencia y el convertirse en un adulto; cazar; el matrimonio y el aparearse; parir; etc. De modo que todas las situaciones y actividades importantes en la vida están vinculadas a lo sagrado. También tienen un carácter de sagrados los eventos celestes, como el ciclo de la luna con sus tres fases: la joven e inocente primavera (blanca), con la luna nueva; la madre fértil (roja), el verano con la luna llena; y la vieja sabia (negra), con el invierno y la luna decreciente. Las estaciones son sagradas, de modo que la siembra y la cosecha no son solo actos humanos relacionados con algún tipo de condición meteorológica o agrícola, sino con el cielo, el sol, la lluvia, la luna, en sus aspectos cósmicos de la existencia. Y con el fin de generar esa conexión aparecen los ritos, las fiestas religiosas o ceremonias. Así,

los rituales nos elevan de la dimensión puramente personal de nuestra experiencia a lo universal, reconectándonos con las realidades espirituales sin las cuales la vida se convierte en un páramo (Rebillot, s.f., p. 1).

Algunos de estos ritos han sido llamados "ritos de paso o pasaje", y tienen lugar cuando alguna persona pasa de una etapa de la vida a otra. Son viejas historias, son mapas y guías que nos ayudan en nuestro viaje. Son ceremonias de tránsito en que se nos somete a experiencias vinculadas con una nueva vida y que preparan al cuerpo, la mente y al corazón para la nueva etapa, para el nuevo nivel. De modo que estos mitos, estas grandes historias que han recorrido toda la humanidad, estos arquetipos, podemos vivirlos en los llamados rituales de paso.

La función principal de gran parte del saber mitológico y de la práctica ritual de nuestra especie ha sido conducir la mente, los sentimientos y los poderes de acción del individuo hacia los umbrales críticos, desde las dos décadas de la infancia a la edad adulta, y desde la vejez a la muerte; proporcionar las señales estímulo adecuadas que liberen las energías de vida del que ya no es lo que fue para su nueva tarea, la nueva fase (Campbell, 1991, p. 85).

Stephen Gilligan se refiere a los cambios de identidad que ocurren con los ritos. Nos habla del rito terapéutico, una especie de acto mágico que es una "intensa estructura simbólico-experiencial que recrea o transforma nuestra identidad…" significativamente, pues nos involucramos siendo absorbidos por completo en ella, dejando de lado nuestros sistemas de referencia, nuestro mapa o modelo. En el rito terapéutico el proceso analítico queda suspendido, quedando la persona…

profundamente inmersa en procesos primarios, tales como sensaciones corporales, imágenes internas y procesos automáticos (espontáneos). En él los pensamientos, sentimientos y comportamientos adquieren y expresan otros significados más allá de los comunes en nuestras vidas, adquiriendo así un profundo simbolismo (Gilligan y Price, 1993, p. 239, trad. propia).

Los rituales son mucho más que ceremonias, y distintos de algunos movimientos mecánicos. Una ceremonia pasa a ser un ritual solo cuando los participantes quedan inmersos en lenguaje arcaico no racional; antes de eso es una secuencia tradicional de movimientos casi sin valor terapéutico.

De modo que un ritual es una experiencia con un gran poder de resignificación de nuestro mundo, nuestras relaciones, nuestras creencias y nuestra identidad, modificando así nuestro lugar en la comunidad.

Son "ritos de paso" el quiebre de la inocencia con el paso a la adolescencia, el matrimonio, el embarazo, el divorcio o separación, el cambio de trabajo, carrera o profesión, el cambio de hogar, el bautizo; también los funerales, si son vistos como puentes para pasar de un estado de la vida a otro; los cumpleaños y aniversarios importantes, que tienen como finalidad el reafirmar la vida o una situación o hecho importante; y los rituales de curación, que permiten o facilitan la reincorporación de un enfermo en el quehacer diario. Todos estos cambios exigen pasar de un nivel de ser a otro, y en cada umbral algo muere y algo nace (Gilligan y Price, 1993).

Cuando los niños se hacían hombres debían transitar por un rito de paso. En un rito de muerte y resurrección, dejaban de ser dependientes para pasar a ser activos, independientes y protectores. Las mujeres, por su parte, con la primera menstruación eran iniciadas en los ritos de la feminidad.

Cuando volvemos, con esta imagen en la mente, a considerar los numerosos rituales extraños que se informa tuvieron lugar en las tribus primitivas y en las grandes civilizaciones del pasado, resulta claro que su finalidad y su efecto real era conducir a los pueblos a través de los difíciles umbrales de las transformaciones que demandan un cambio de normas no sólo de la vida consciente sino de la inconsciente. Los llamados ritos de 'iniciación', que ocupan un lugar tan prominente en la vida de las sociedades primitivas (ceremoniales de nacimiento, nombre, pubertad, matrimonio, entierro, etc.), se distinguen por ser ejercicios de separación formales y usualmente severos, donde la mente corta en forma radical con las actitudes, ligas y normas de vida del estado que se ha dejado atrás. Después sigue un intervalo de retiro más o menos prolongado, durante el cual se llevan a cabo rituales con la finalidad de introducir al que pasa por la aventura de la vida a las formas y sentimientos propios de su nuevo estado, de manera que cuando, finalmente, se le considera maduro para volver al mundo normal, el iniciado ha de encontrarse en un estado similar al de recién nacido (Campbell, 1999, pp. 16-17).

Si usamos el lenguaje de biodanza, para Gilligan y Price un ritual es una vivencia profunda e integradora; una experiencia transformadora en todos los niveles, pues para generar un cambio hay que vivir una experiencia más completa y profunda que solo un entendimiento racional, una experiencia que utilice un lenguaje emocional, experiencial y simbólico.

6. Sabios apuntando a la luna

Varios autores han estudiado estos mitos y leyendas, centrándose en sus semejanzas y coincidencias, así como también en las diferentes formas que toman. Lo cierto es que tienen mucho en común, un patrón que se repite a lo largo de la historia real y mítica en muchos personajes de diferentes épocas, lo que nos hace pensar que hay algo de eso que Jung llamó *arquetipos*.

Uno de los aspectos más señalados en mitología comparada es la similitud transcultural de mitos y leyendas. Se repiten una y otra vez las búsquedas heroicas, los niños abandonados en un río, las grandes inundaciones, pestes y calamidades, como también el héroe que da muerte a su progenitor para ganar un reino.

6.1 Otto Rank

En 1909 Otto Rank publica su libro *El Mito del Nacimiento del Héroe* donde examina desde la perspectiva del psicoanálisis las historias y mitos de quince grandes personajes y héroes universales pertenecientes a diversas culturas y épocas, algunos de ellos históricos y otros considerados "mitológicos", es decir, sin que oficialmente se les conceda "existencia real" (Rank, 1914).

En su análisis, Rank encuentra que la historia se repite una y otra vez. Los progenitores del héroe son reyes, reinas, dioses y diosas, quienes, como consecuencia de una unión a veces oculta o prohibida, tienen un hijo con algún mortal. Su nacimiento es precedido por una profecía u oráculo, o un sueño que anticipa su llegada y pone sobre aviso de los peligros de su nacimiento a su padre. El niño-héroe nace y —con el fin de evitar todo peligro— es abandonado o arrojado en una caja a las aguas de un río, desde donde es salvado por gente humilde o un animal que lo alimenta y cuida.

Tiempo después descubre su verdadero origen; después de crecer se venga de su padre y obtiene el reconocimiento de sus méritos y altura, para finalmente obtener el rango y honores que le corresponden (Rank, 1914).

Rank describe las historias de 15 héroes, algunos de los cuales son Sargón (el primer emperador de Mesopotamia que registra la historia), Karna (héroe hindú del *Mahabharata*) y Moisés, abandonados todos ellos a su suerte en las aguas de un río. La lista continúa con Gilgamesh, quien fuera alimentado de niño por un águila; Edipo y Paris, abandonados en colinas para impedir que se cumplieran las oscuras profecías del oráculo (¡Oh, ingenuidad!); Hércules y Perseo; el rey persa Ciro el Grande. Todos conocemos la historia que rodea el nacimiento de Jesús y su vida posterior.

Para explicar esta historia mítica, Rank echa mano al psicoanálisis, relacionando el patrón del héroe mítico con el "yo" del niño. Como seguidor de Freud, para él son de importancia fundamental las relaciones familiares en estados anteriores a la pubertad, en especial aquellas fantasías relacionadas con la liberación, muerte o sustitución de los propios padres. Rank afirma que el padre genera un sentimiento hostil hacia su hijo y heredero, al percibir su poder y soberanía en peligro, y, más aún, cuando su caída ha sido vaticinada por una profecía. Será él quien propiciará su abandono, acto que vengará el héroe, asesinándolo; a veces sin saber a quién destruye.

Por otra parte, y a pesar de la veneración que siente por sus padres, el niño empieza a percibir que éstos ponen trabas a su crecimiento, de modo que será necesario negarlos y separarse de ellos.

El desapego del individuo en crecimiento de la autoridad de sus padres es uno de las más necesarios, y también uno de los más dolorosos logros de la evolución. Es absolutamente necesario que este desapego ocurra, y puede asumirse que todo individuo normal maduro lo ha conseguido hasta cierto punto... Por el otro lado, existe un tipo de neuróticos cuya condición indica que han fracasado en resolver este problema. Para el joven, los padres son, en primer lugar, la única autoridad y fuente de toda fe. Asemejarse a ellos, es decir, al progenitor del mismo sexo –crecer como padre o madre– es el deseo más intenso y portentoso del niño en sus primeros años (Rank, 1914, pp. 63-64, trad. propia).

Aparece nuestro primer gran viaje. Uno que definirá en un grado importante nuestra adultez y el matiz que tendrán otros muchos viajes. No será lo mismo aprender a temer y odiar a la autoridad, que sentir que de esta 'batalla' puedo salir airoso y fortalecido.

De esta manera este niño nos muestra las dificultades y pruebas por las que pasa el héroe para crecer, hasta convertirse en adulto. Este crecimiento llevaría inherente en sí el deseo por regresar a aquella paz donde éramos amados y aceptados incondicionalmente por nuestros padres, sin juicio alguno y sin duda alguna.

6.2 Lord Raglan

En 1934 Lord Raglan publica *El héroe de tradición*, donde estudia a los héroes mitológicos, comparando sus historias y buscando un patrón común. Encuentra un total de veintidós eventos que ocurren en la vida típica de un héroe, y que son:

1. La madre es una virgen de la realeza
2. El padre es un rey, y
3. Y muchas veces un pariente de su madre, pero
4. Las circunstancias de su concepción son inusuales, y
5. También se dice que es el hijo de un dios.
6. En su nacimiento se intenta asesinarlo, muchas veces por su padre, pero
7. Se lo hace desaparecer, y
8. Es criado por padres adoptivos en un país lejano.
9. Nada se nos dice de su infancia, pero
10. Al llegar a la edad adulta regresa o se va a su futuro reino.
11. Después de una victoria contra el rey y/o un gigante, un dragón o una bestia salvaje,
12. Se casa con una princesa, generalmente la hija de su predecesor, y
13. Se convierte en rey.
14. Durante un tiempo reina sin contratiempos, y

15. Prescribe leyes, pero
16. Posteriormente pierde el favor de los dioses y/o de sus súbditos, y
17. Es expulsado de su trono y de la ciudad.
18. Encuentra una misteriosa muerte,
19. Generalmente en lo alto de una colina.
20. Sus hijos, si los tuvo, no lo suceden.
21. Su cuerpo no es enterrado, sin embargo
22. Tiene una o más sepulturas sagradas.
(Raglan, 1934, pp. 212-213).

No siempre se dan todas las etapas en las historias de todos los héroes, aunque sí lo suficiente como para convencernos de que no es casualidad, sino que existe un patrón común que une todos los eventos.

Lord Raglan analiza luego 18 héroes (cinco de los cuales coinciden con los estudiados por Rank) y les da puntaje según cuántos de los 22 patrones cumplen. Gana Edipo, le siguen Moisés y Dionisio. Zeus y Apolo no son muy favorecidos, aunque dado su nivel de superdioses pueden darse el lujo de no encajar en la clasificación de un simple héroe mortal.

Importante es que Raglan nota que las semejanzas entre las historias de estos héroes son demasiadas como para pensar que son meras coincidencias (Raglan, 1934). Y, además, que los incidentes de sus vidas caen en tres grandes grupos: aquellos relacionados con el nacimiento del héroe, con su ascensión al trono y los relacionados con su muerte, hechos que corresponden a los tres principales *rites de passage*, los ritos de nacimiento, iniciación y muerte. (Raglan, 1934).

Rank solo identificó las primeras trece etapas que menciona Lord Raglan, donde el periplo del héroe termina con la victoria temprana o temporal, quedando para después otras batallas, derrotas y victorias.

En efecto, a diferencia de la lista de Rank derivada de su análisis de 22 mitos, en la que refleja su interés por las experiencias de la infancia, la lista de Raglan abarca desde la concepción del héroe hasta su muerte. Al considerar juntas las observaciones de Rank y de Raglan, la secuencia que obtenemos es una historia donde el héroe, después de una victoria temporal, es derrotado y muere. No obstante, al final obtiene una estatura divina o casi divina, de modo que su recuerdo e influencia siguen viviendo (Naranjo, 2014, p. 21).

De las victorias, la temporal y la que le seguirá en algún momento –la victoria permanente– hablaremos luego.

6.3 Rolando Toro

Rolando es uno de mis maestros de vida. Estudié y aprendí biodanza con él. Me enseñó a danzar la vida, a gozar la vida, a relacionarme, a amar, a vivir. Y es sin duda mi gran inspiración. Gracias Maestro.

Rolando Toro estudió algunos grandes mitos, los que luego propuso como vivencia, en el sentido de revivirlos y danzarlos para conectar con toda su potencia.

Con esta síntesis de grandes mitos antiguos y de sus figuras arquetípicas, deseo mostrar aspectos destacados de la eterna necesidad humana de 'celebración de la vida' y 'sacralización de la naturaleza [afirmando que algunos] dan fundamento e inspiración a los abordajes esenciales de Biodanza [y pretendiendo] rescatar, de estos mitos antiguos, modelos arquetípicos y de extraordinaria fuerza (Toro, 2005a, p. 3).

Algunos de los mitos y arquetipos que propone utilizar son:

1. Deméter y los misterios de Eleusis: la sacralización de la naturaleza.
2. Dionisio: la unidad del hombre con la naturaleza, el éxtasis a través del placer.
3. Orfeo y el poder de la música.
4. Jesús y el amor, la misericordia y el respeto por los demás (Toro, 2007).

Dionisio ya había sido estudiado por Lord Raglan (1934). Jesús como figura histórica no es analizado por Raglan, pero me atrevo a decir que, de acuerdo a esta pauta, como héroe no obtendría un buen puntaje, ya que reconocimiento temporal no tuvo, sino por el contrario ("Mi reino no es de este mundo"...) Eso sí, después de su muerte y tras su victoria permanente obtuvo el reconocimiento que sabemos. De todas formas, él sí fue analizado por Rank, ya que su vida cumple con su propia descripción del mito. Otro mito importante señalado por Toro y utilizado en biodanza es el mito egipcio de Isis y Osiris, que nos conecta con el eterno ciclo de la muerte y resurrección.

Osiris, dios de todo lo viviente, es despedazado por Set, dios del desierto y de la muerte. Sus restos son dispersados en todo el Alto y Bajo Egipto. Isis, su amante, desesperada, reúne los pedazos del cuerpo de Osiris y, transformada en pájaro, lo resucita con su amor, agitando las alas sobre su cuerpo. Este mito nos comunica el misterio del amor. Cuando estamos despedazados por el sufrimiento (muertos en vida), el amor puede hacernos renacer.

Los dramas mitológicos y las representaciones rituales de los pueblos antiguos fueron suscitados por el misterio del nacimiento, de la muerte y del renacer, identificado en el ritmo de la vegetación.

Las culturas agrícolas crearon una religión cósmica, en la que el misterio central es la "renovación periódica del mundo". Este misterio fue identificado con el proceso de la existencia humana en que, cada ciertas etapas, las personas mueren para los viejos hábitos del pasado, abandonando las fuentes de sufrimiento y conflicto, para renacer en un cuerpo nuevo, en una forma de vida más saludable y feliz (Toro, 2005a, p. 4).

6.4 Joseph Campbell

En su libro *El héroe de las mil caras* Joseph Campbell ha descrito magistralmente el camino heroico como la magnificación del ciclo que representan los ritos de iniciación con su ciclo: nacimiento, muerte y resurrección, explicando los ritos de pasaje de una manera universal, al constituir un modelo del camino que sigue un héroe, sea cual fuere su particular historia.

Campbell lo llama el *monomito*, y señala que su unidad fundamental son tres etapas, las que llama separación, iniciación y retorno, que constituyen un rito para llevar al individuo a dejar y morir al pasado, para renacer al futuro.

Posteriormente, a partir del documental *El viaje del héroe* realizado en 1987 y de sus conversaciones con Bill Moyers, se comenzó a usar dicha denominación para referirse al *monomito* como un metamito, pasando a ser nada menos que una lectura filosófica de la historia espiritual del ser humano, la Gran Historia.

Su libro —al igual que lo que buscaban Lord Raglan y Otto Rank— tiene como objetivo "mostrar que existen paralelos esenciales en los mitos mismos, así como en las interpretaciones y explicaciones que los sabios les han dado" (1999, p. 43). Su modelo o formulación del *monomito* ha sido ampliamente aceptada y reconocida. A partir de él se han generado diferentes versiones que lo resumen, manteniendo casi inalterado el trasfondo o los pasos principales del recorrido.

Campbell sostiene que todos los ritos de iniciación se guían por un mismo modelo sintetizado en tres grandes etapas: la "partida" o separación, la "iniciación" o aprendizaje, y el "retorno" o el regreso con el premio. El viaje se inicia con la partida, el llamado a la aventura, que lleva a la separación de la vieja costumbre, comunidad o grupo, atravesando el primer umbral, para ingresar en la oscuridad o sombra; la iniciación, que lleva al héroe hacia un mundo de prodigios sobrenaturales, corresponde al paso por las pruebas, con el tránsito del héroe a un nuevo nivel; y el retorno, es el regreso del héroe a su comunidad, llevando consigo el don obtenido en el viaje.

El héroe inicia su aventura desde el mundo de todos los días hacia una región de prodigios sobrenaturales, se enfrenta con fuerzas fabulosas y gana una victoria decisiva; el héroe regresa de su misteriosa aventura con la fuerza de otorgar dones a sus hermanos (Campbell, 1999, p. 35).

El héroe no es una estructura arcaica ni una imagen masculina, sino un aspecto de la naturaleza humana, el aspecto que oye y responde al llamado de la expresión de su identidad profunda. Así visto, el héroe es todo ser humano, hombre o mujer, dispuesto a seguir el impulso que lo lleva hacia algo más grande. Entonces, es una experiencia común a todos y que se repite muchas veces a lo largo de nuestras vidas, para ir integrando cada vez más los dos mundos, el de las sombras y el de la luz, los que forman parte de la misma realidad.

Estas tres grandes etapas Campbell las subdivide de modo de conformar un total de diecisiete. No siempre se dan todas ellas en todos los mitos e historias, aunque la estructura básica sí se mantiene.

6.5 Vogler y la estructura mítica en una obra dramática

Christopher Vogler, se basó en el trabajo de Joseph Campbell y Carl Jung para entregar el viaje del héroe como una 'carta de navegación' que explica cómo se desarrolla la narración de la historia de un personaje en una obra dramática, en especial en el cine. Cuando se trata de literatura, cine y televisión narrando la historia de un héroe, su viaje no es distinto. Nuevamente, el monomito es universal, en su estructura, personajes y desarrollo.

El viaje del héroe no es una invención, antes bien se trata de una observación. Es el reconocimiento de un hermoso deseo, de unos principios que gobiernan la conducta de la vida y el mundo de la narración de historias, del mismo modo que la física y la química rigen el mundo físico que nos circunda. Resulta difícil eludir la sensación de que, en efecto, el viaje del héroe existe en alguna parte, existe de algún modo, como una realidad eterna quizás, que adopta la forma de un ideal platónico, que se trata de un modelo divino. De este modelo pueden producirse copias infinitas y muy variadas, siendo así que en cada una de ellas resuena el espíritu esencial de la forma (Vogler, 2002, pp. 11-12).

Describe, así, "las estructuras míticas para escritores, dramaturgos, guionistas y novelistas", señalando que:

… la historia del héroe siempre implica una suerte de viaje. Un héroe abandona su entorno cómodo y cotidiano para embarcarse en una empresa que habrá de conducirlo a través de un mundo extraño y plagado de desafíos. Podría tratarse de un viaje real con un destino claro y bien definido, a saber: un laberinto, un bosque, una gruta, una ciudad o un país extraño, un lugar que se transforma en el campo de batalla donde dirimirá sus diferencias con el antagonista o las fuerzas puestas en su contra, etc.

Pero, a la par, son otras tantas las historias que conducen al héroe a través de un viaje interior, que ocurre en la mente, el corazón, el espíritu. En cualquier historia que se precie el héroe crece y sufre cambios, viaja desde una manera de ser a la siguiente: de la desesperación a la esperanza, de la debilidad a la fortaleza, de la locura a la sabiduría, del amor al odio, y nuevamente de vuelta. Son precisamente estos periplos emocionales los que atrapan al público y consiguen que una historia bien merezca una lectura o un visionado (Vogler, 2002, p. 45).

Vogler señala doce etapas en el viaje del héroe, que son, en su esencia y estructura, las mismas de Campbell. Las primeras seis preparan al héroe para la prueba suprema; las otras seis lo conducen por dicha prueba hasta obtener su recompensa y regresar a casa. Tenemos entonces el siguiente camino:

1. Los héroes aparecen en su *Mundo Ordinario*, su vida normal y feliz cuando comienza la historia, y
2. Reciben la *Llamada de la Aventura*, algún hecho especial que saca al héroe de su *Mundo Ordinario* para conducirlo a la aventura.
3. Inicialmente el héroe se muestra reticente o bien *Rechaza el Llamado*, pues la aventura es peligrosa.
4. Pero el encuentro con un *Mentor* o guía lo animará a aceptar la llamada y a
5. *Cruzar el Primer Umbral* y a abandonar su *Mundo Ordinario* para emprender la aventura entrando en lo desconocido, internándose así en el *Mundo Especial*, donde
6. Encontrará las *Pruebas, los Aliados y sus Enemigos*.
7. Se aproximará a la *Caverna más Profunda*, atravesando un segundo umbral y preparándose para enfrentar el gran reto.
8. Allí comenzará su *Odisea o Calvario* enfrentando su mayor prueba, su mayor miedo.
9. Se apoderará de su *Recompensa*. Ha tenido una transformación, es más sensible y descubre quién realmente es, su poder y lugar en el mundo.
10. Será perseguido en el *Camino de Regreso* al *Mundo Ordinario*, tras tomar la difícil decisión de dejar el *Mundo Mágico*.
11. Cruza un tercer umbral y vive otra prueba en la que enfrentará la muerte debiendo utilizar todo lo aprendido en el camino. Experimenta una *Resurrección*, vivencia que lo transforma.
12. *Retorna con el Elíxir*, una bendición o tesoro del que se beneficiará el *Mundo Ordinario*. (Vogler, 2002)

LAS PRUEBAS

7. Las pruebas: etapas y posibilidades del camino

> *—Traído aquí, la galaxia te ha. Tu camino, claramente, este es.*
> *—Tú sabes lo que estoy buscando.*
> *—Algo perdido. Además de ti, quizás. Eso que buscas, adentro, encontrarás.*
> (El clon de Galen Marek se encuentra con Yoda a la entrada de la cueva, *The Force Unleashed*, 2008)

Según M. J. Álvarez,

En 1932, el psiquiatra suizo Carl Gustav Jung, recién llegado de la India, se aventuró a dar un seminario en Zúrich para explicar cómo en los chakras y en el despertar de la Kundalini a través del yoga y el tantra estaba el mapa del proceso de individuación que él llamó "el viaje del héroe" (2010, p. 43).

Campbell describe las etapas y posibilidades del camino del héroe y –por cierto– de la heroína; algunas son secuenciales y otras, diferentes posibilidades a recorrer o pruebas a superar en diferentes momentos u otros viajes. El viaje es circular o –mejor aún– en espiral: aunque pasaremos muchas veces por la misma etapa en diferentes momentos de nuestras vidas, siempre lo haremos en un nivel diferente.

Vogler más bien describe un modelo secuencial, conformando así una estructura dramática genérica de cualquier viaje. La diferencia fundamental con Campbell es que Vogler no describe específicamente las pruebas, ya que estas son parte del argumento dramático. Para Campbell las pruebas son estadios de nuestro desarrollo espiritual.

Cualquiera sea la historia o viaje, el *monomito* está presente de una u otra manera; es así como tendremos siempre tres grandes etapas en el camino: la partida o separación del mundo cotidiano, las pruebas de iniciación y el regreso con nuestra recompensa o elixir. La partida aparece, y se acepta o no el llamado. Las pruebas serán muchas y de diferente índole, dependiendo en qué etapa de nuestra vida nos encontremos o de nuestro nivel de consciencia. Si pasamos las pruebas podremos regresar. Y el regreso también tiene una faceta importante, que es la posibilidad de elegir no hacerlo, permaneciendo en el Mundo Mágico. Muchos iluminados han considerado indigno el Mundo Ordinario como para regresar a él; no comprendieron que esa era otra prueba. Si volvemos, el mundo se beneficiará de nuestro legado.

7.1 La separación o partida

Esta es la primera gran etapa, que corresponde al momento en que el héroe inicia su camino tras la pérdida de su paz, quietud o inocencia. Algo le dice que las cosas van a cambiar radicalmente. La separación o partida está compuesta de cinco sub etapas que Campbell llamó "La llamada de la aventura", "La negativa al llamado", "La ayuda sobrenatural", "El cruce del primer umbral" y "El vientre de la ballena".

El mundo ordinario

Todo se inicia en el Mundo Ordinario. El héroe vive en la paz y armonía de su vida cotidiana; es una persona adaptada a su medio, está cómodo y tranquilo. Es el mundo feliz donde todo le sonríe, no tiene preocupaciones, problemas, ni mayores inquietudes. Su Mundo Ordinario es fijo, estable, conocido y sin contratiempos. Quizás no todo es perfecto, pero vive en un mundo estable, sin nada especial que temer ni que hacer.

La llamada de la aventura

Se inicia el viaje. Un día, sin aviso alguno, el viento agita las aguas, el bosque parece susurrar con el movimiento de las hojas que se elevan en una danza inquieta. Algo ocurre en algún momento de nuestras vidas y sentimos el llamado para hacer algo, para partir y tomar un nuevo camino. Todo está bien, pero, aparece un desasosiego, quizás las cosas no van tan bien como parecen. Una desconocida angustia da vueltas en nuestro interior.

El llamado puede provenir desde fuera, bajo la forma de una invitación o sugerencia, como cuando Jesús le dijo a unos pescadores que lo siguieran. O puede presentarse bajo la forma de una voz interior, como cuando el príncipe Siddhartha –al contemplar el sufrimiento de sus semejantes– se vio compelido a abandonar el palacio en busca de sabiduría y paz. O quizás, una profunda crisis vivida como un fuerte trastorno emocional, un conflicto mental; todas situaciones que nos llevan a una posible desintegración. En ambos casos, una voz nos dice: "Hay más vida de la que tú estás viviendo; hay otra vida distinta a esta". El llamado puede tener múltiples formas: la muerte de un ser querido, una enfermedad mortal, un accidente, una mirada irresistible, un robo o asalto, una ruptura amorosa, el fin de un trabajo, algún fracaso importante o quizás el vacío éxito. Será como una estaca que se clava en un lugar que duele. Es el llamado de los dioses. Es el "instinto aéreo" como lo llama Sam Keen –el impulso para trascender nuestra condición presente– que sería la característica que define a un ser humano (Keen, 1999), quizás para acercarnos a los dioses, los que muchas veces moran en las alturas, en las montañas sagradas.

Como sea, el llamado llega y hay dos posibilidades: el héroe actúa siguiendo el llamado, o lo desoye al no estar dispuesto a seguir su corazón. Como dice Sam Keen: a veces es sabio atarse muy fuerte al mástil y resistirse a la canción de las sirenas, y hay otras veces en que seguirla es el único camino de vuelta a casa. (Keen, 1999).

La llamada podría significar una alta empresa histórica. O podría marcar el alba de una iluminación religiosa. Como la han entendido los místicos, marca lo que puede llamarse el despertar del yo.

Grande o pequeña, sin que tenga importancia el estado o el grado de la vida, la llamada levanta siempre el velo que cubre un misterio de transfiguración; un rito, un momento, un paso espiritual que cuando se completa es el equivalente de una muerte y de un renacimiento. El horizonte familiar de la vida se ha sobrepasado, los viejos conceptos, ideales y patrones emocionales dejan de ser útiles, ha llegado el momento de pasar un umbral (Campbell, 1999, pp. 54-55).

Y agrega:

El primer paso, separación o retirada, consiste en una radical trasferencia de énfasis del mundo externo al interno, del macro al microcosmos, un retirarse de las desesperaciones de la tierra perdida a la paz del reino eterno que existe en nuestro interior (Campbell, 1999, p. 23).

El héroe oye el llamado y se encuentra en un puerto que lo invita a salir en busca de la aventura; existe en él un anhelo por algo más, el que se incrementa y se convierte en el llamado. Abandona su choza o castillo, es atraído, llevado, o avanza voluntariamente hacia el umbral de la aventura. Allí encuentra la presencia de una sombra que cuida el paso.

Así su Mundo Ordinario se contrapone al Mundo Extraordinario, al que está por ingresar en busca de la respuesta a su pregunta o de la solución a lo que lo problema, en busca del equilibrio perdido. Y a fin de cuentas... "¿cómo rompemos la trayectoria de nuestras vidas y hacemos algo nuevo?" (Keen, 1999, p. 127).

La aventura nos está llamando.

Muchas veces la aventura no consiste en viajar a una selva o a un inmenso desierto, sino en atrevernos a explorar y a desarrollar nuestro verdadero potencial (Puig, 2008, pp. 27-28).

Y el héroe cotidiano se pregunta, ¿Qué aspectos de mi vida no me atrevo a cuestionarme? ¿A qué me estoy resignándome, contándome el cuento que todo está bien?

La negativa al llamado

Aparece entonces el primer nivel de resistencia para seguir el llamado: todo aquello que sustenta nuestra situación actual –y a lo que, por cierto, nos identificamos– confiriéndonos nuestra identidad: la familia, la patria, la religión, el deber, el trabajo, la profesión, las responsabilidades, los compromisos y las relaciones personales.

Es por eso que, ante el llamado a la aventura, la respuesta casi inmediata y justificada sea la del rechazo. Es lícito preguntarse si se justifica el riesgo por algo que no conocemos y apenas valoramos. Inventaremos excusas, distracciones y justificaciones: "Son tonterías", "mañana será otro día", "vivamos el presente", "estoy muy ocupado" o "en un tiempo más".

Aventurarse es entrar en un territorio desconocido e incierto, y eso da miedo; y no es para menos. Por apego a lo conocido, a lo seguro, por miedo al cambio o a lo desconocido, el héroe rechaza la llamada. Prefiere la comodidad de su mundo cotidiano. Se separa entonces de su espíritu y va cerrando el canal de comunicación con él y –cuando esto ocurre– se siente perdido en sus límites. Y como no es cómodo sentirse así, cierra aún más su corazón, volviéndose insensible. Se coloca su hermosa armadura de metal, acero, plata y oro. Quizás algún día se dé cuenta que está atrapado en ella y quiera sacársela, y esperemos que no esté tan oxidada como para no poder hacerlo. Vendrán otros llamados, quizás cada vez más fuertes y dolorosos; cada llamado y negativa pareciera que no hace más que clavarnos esa estaca más profundamente.

Desoír el llamado es negarnos a crecer, a conectar y desarrollar todo nuestro potencial. Negarnos al llamado es una pérdida, un morir a la vida. Recordemos aquella frase que Abraham Maslow decía a sus alumnos: "Si deliberadamente planeáis ser menos de lo que sois capaces de ser, os prevengo que seréis profundamente infelices para el resto de vuestros días. Estaréis rehuyendo vuestras propias capacidades, vuestras propias posibilidades" (Maslow, 2008, p. 60). ¿Qué temo perder si cambio?

La ayuda sobrenatural o el encuentro con el mentor

Es el momento en que el héroe recibe la ayuda de alguien dispuesto a guiarlo. Este guía espiritual puede darle al héroe un instrumento de poder o amuleto para que lo use en las batallas y pruebas venideras. Merlín le da una espada al Rey Arturo; Atenea le entrega a Perseo un brillante escudo; Cenicienta recibe de su hada madrina el bello vestido que lucirá en el baile; y Luke recibe de Obi-Wan Kenobi una extraña espada de luz.

El mentor será quien le preste la ayuda necesaria al héroe para seguir el camino, y representa al hombre completo, aquél que ya ha recorrido el camino y regresado. Este mentor luego desaparece o puede morir, con la finalidad de dejar al héroe solo en su lucha. Lo entrenará y le enseñará lo necesario. Al final, cada hombre debe hacer frente a su destino, es decir, hacer su viaje solo. Esto, además, lo enfrenta con su libertad: somos libres de elegir nuestro camino siguiendo adelante o, simplemente, de darnos por vencidos.

La figura del mentor...

guarda una estrecha relación con la idea del chamán: el sanador, el hombre o la mujer medicina, el curandero en las culturas tribales. Del mismo modo que los mentores guían al héroe en su periplo por el mundo especial, los chamanes guían a su gente por el camino de la vida. En sueños y visiones viajan a otros mundos, de donde traen consigo historias con las que sanar sus tribus de origen. A menudo, la función del mentor consiste en prestar ayuda al héroe para que encuentre una visión que le sirva de guía en su paso por el otro mundo (Vogler, 2002, p. 84).

Finalmente, el héroe se compromete con el llamado, superando la negativa. Se trata de un momento crucial. A pesar de los temores, y gracias a la ayuda del mentor, el héroe decide seguir adelante. Ya no hay vuelta atrás, la decisión está tomada.

El cruce del primer umbral

Armado con su instrumento de poder, el héroe prosigue hasta el Primer Umbral, la puerta donde enfrentará al primer demonio: se inicia así su aventura. Puede ser un portal, la entrada de una caverna o de un bosque; cualquiera de ellos no es otra cosa más que la vía de pasaje hacia el otro mundo.

… el héroe avanza en su aventura hasta que llega al 'guardián del umbral' a la entrada de la zona de la fuerza magnificada. Tales custodios protegen al mundo en las cuatro direcciones, también de arriba abajo, irguiéndose en los límites de la esfera actual del héroe, u horizonte vital. Detrás de ellos está la oscuridad, lo desconocido y el peligro; así como detrás de la vigilancia paternal está el peligro para el niño, y detrás de la protección de su sociedad está el peligro para el miembro de la tribu. La persona común está no sólo contenta sino orgullosa de permanecer dentro de los límites indicados y las creencias populares constituyen la razón de temer tanto el primer paso dentro de lo inexplorado (Campbell, 1999, p. 77).

Estos guardianes del Umbral representan nuestra sombra, nuestro lado oscuro, nuestras amadas neurosis y mecanismos de defensa que nos impiden avanzar hacia nuestras metas y propósitos. Los guardianes del umbral tienen la función de poner a prueba al héroe para saber si él es lo suficientemente valiente y puede pasar a la siguiente etapa. El héroe deberá mostrar sus habilidades de lucha o su astucia, resolviendo un acertijo.

Este Umbral marca la última división entre el Mundo Ordinario y familiar, y el Mundo Extraordinario o mágico y desconocido para el héroe. No será fácil cruzar el Umbral; éste está custodiado por monstruos que aterran una vez más al héroe: los guardianes del Umbral, quienes tienen la

importante función de probar si el héroe está lo suficientemente resuelto y puede pasar a la siguiente etapa. Su forma
es variada y, en última instancia dependerá de la prueba
para la que fuimos llamados, del camino que nos tocará
recorrer. Así, puede ser un dragón o un león el guardián de
los tesoros, del lugar sagrado o del elixir de la inmortalidad.
Cuando Jasón quiere tomar el vellocino de oro deberá dar
muerte a un dragón. En la Biblia será la serpiente, terrible
guardiana, la que custodiará el Paraíso o el Árbol de la Vida
y –caído ya el hombre– la que le cerrará el paso de retorno,
parada junto al árbol sagrado. Las serpientes vigilarán siempre cualquier paso a las profundidades sagradas de la vida.

Por aterrador que se nos aparezca, la función de este
guardián apostado en la entrada –del palacio, del templo,
del bosque, o junto a una fuente– no es impedir el paso del
héroe, sino evitar que el profano inepto se aventure incon-
cientemente a entrar. Es así, otro ser simbólico que nos
indica el quiebre o ruptura entre dos dominios, lo profano y
lo sagrado.

Según Jerico, las gárgolas, los leones, los fieros guerreros, los monstruos y demonios a la entrada de los templos,
están allí no solo para ahuyentar el pecado, sino para recor-
darnos que nadie puede entrar allí sin antes confrontarse
consigo mismo (Jericó, 2010).

Tras cruzar el Umbral se adentra en lo desconocido.
Aparecerán otros demonios que bloquearán el camino del
héroe o la heroína, incluso –a veces– amenazando su vida y
la de sus seres queridos. Se enfrentará con un dragón, el
guardián de un castillo o un perro de tres cabezas que le
cerrarán el paso, y que representan el segundo nivel de
resistencia: nosotros mismos. Cómo enfrentar a los demonios será uno de sus mayores desafíos; demonios que no
son otra cosa más que todo aquello que niega, tanto dentro
de él como fuera de él. El campeón querrá dominar y destruir estos demonios, solo logrando escapar momentánea-
mente del peligro; el cobarde eludirá todo enfrentamiento.
El héroe –en cambio– tendrá que operar a otro nivel, uno

en el que se relaciona con ellos y, a través de esta relación, se transforma a sí mismo, pues aprendió que en última instancia lo que le hace a un demonio, se lo hace a sí mismo, pues todo demonio que encuentra es él mismo.

El héroe es lanzado a un mundo que no tiene nada que ver con su vida, con el mundo que conoce; tiene que abandonar su cómodo hogar, decirle adiós a la vida que ha estado viviendo, para entrar en un oscuro bosque, en el inframundo, atravesando mares y desiertos. Ha cruzado una frontera sin retorno. Dejará de lado su manera de ver el mundo, a sí mismo, sus relaciones. Si realmente quiere encontrar alguna respuesta tendrá que adentrarse en la zona de los impulsos escondidos, de sus pasiones y emociones negadas y ocultas. Será un viaje a lo primigenio, lo temido, lo negado y olvidado; de lo racional, al corazón y las tripas.

Atravesar el Umbral es el inicio de la aventura que transformará nuestras vidas, pues este Mundo Extraordinario esconde un misterio de transfiguración. El héroe ha contestado el llamado de la Eternidad.

El vientre de la ballena o el viaje al Inframundo

> To live you only have to die.
> (Jesucristo Superestrella)

> Una cosa que sucede en los mitos es que en el fondo del abismo surge la voz de salvación. El momento más negro es el momento en que el verdadero mensaje de transformación está a punto de suceder. De lo más oscuro surge la luz. (Campbell y Moyers, 1996, p. 71)

> Un ritual de muerte, entonces, es la condición preliminar para lograr la presencia de los dioses y, al mismo tiempo, para obtener una vida plena en este mundo. (Eliade, cit. por Naranjo, 2014, p. 19)

El vientre de la ballena es el descenso a las profundidades, a lo desconocido y temido. Es el lugar obscuro y húmedo donde se transforman las energías, creándose una nueva. Es la *noche oscura del alma*, metáfora usada para describir una fase en el camino espiritual caracterizada por la soledad, la desolación y la desesperación.

El vientre de la ballena corresponde a este paso por el reino de la noche, al quiebre final del héroe con el mundo ordinario. Al traspasar el Umbral...

el héroe es tragado por lo desconocido. (…) va hacia adentro, para renacer. Su desaparición corresponde al paso de un creyente dentro del templo, donde será vivificado por el recuerdo de quién y qué es, o sea polvo y cenizas a menos que alcance la inmortalidad. (…) Alegóricamente, pues, la entrada al templo y la zambullida del héroe en la boca de la ballena son aventuras idénticas; ambas denotan, en lenguaje pictórico, el acto que es el centro de la vida, el acto que es la renovación de la vida (Campbell, 1999, pp. 89-90).

El héroe está perdido, sin referentes, sin apoyo; su mentor lo ha ayudado a tomar la decisión y le ha dado un instrumento de poder, pero ahora ya no está –lo ha dejado solo. El héroe ha cruzado el Umbral, ha tomado su decisión. Es el momento de, solo, encarar los desafíos. Una profunda crisis lo afecta. Su mundo conocido ha desaparecido, se ha transformado y desplomado, y se encuentra frente a lo desconocido sin referente alguno. Está confundido y con miedo, y no es para menos, las estructuras que sustentaban su mundo, su "realidad", se han venido abajo, y eso es morir. Ha sido engullido por la ballena al igual que Jonás. El héroe ha sido tragado por lo oscuro y desconocido y pareciera que ha muerto.

… en vez de ir hacia afuera, de atravesar los confines del mundo visible, el héroe va hacia adentro, para renacer (…) El templo interior, el vientre de la ballena y la tierra celeste, detrás, arriba y abajo de los confines del mundo, son una y la misma cosa. Por eso las proximidades y entradas de los templos están flanqueadas y defendidas por gárgolas colosales: dragones, leones, exterminadores de demonios con espadas desenvainadas, genios resentidos, toros alados (Campbell, 1999, p. 89).

Entrar en el vientre de la ballena es terrorífico. Es perder todo control sobre lo que ocurre y sobre nosotros. Es adentrarnos en la oscura noche para conocer el poder del lado oscuro. Allí todo pasa a ser incierto, nada de lo conocido funciona o sirve ya. Y perder el control que tanto nos costó tener (¡salve ingenuo!) nos lleva justamente a lo que más hemos temido por largo tiempo. Pero la paradoja es que, para controlar, hay que abandonar el control. El vuelo se inicia cuando el terreno firme desaparece bajo nuestros pies y no queda otra cosa más que volar, ya que… "el amor y volar dependen de la relación que se puede crear sólo mediante un acto de confianza que requiere correr el riesgo de caer al vacío" (Keen, 1999, p. 76).

Para enseñarle a volar a sus hijos un águila les muestra cómo hacerlo extendiendo sus hermosas alas y dando pequeños vuelos alrededor del nido. Cuando sabe que es el momento, los empujará fuera del nido. Así, cuando el bebé águila va cayendo a las rocas solo tiene dos posibilidades: o abre sus alas y vuela o se muere sobre las rocas. El águila bebé no sabe que está listo para volar, aunque su madre sí lo sabe. Lo único que tiene que hacer es hacerlo, pues la única forma de aprender a volar es volando.

Si, como dijo Jung, para evolucionar hay que integrar la sombra, entonces, desde el punto de vista iniciático, todo camino del héroe pasa por el encuentro con la sombra, con internarse en la noche oscura, el descenso al infierno para confrontar las fuerzas de la oscuridad. Iniciar este viaje es de alguna manera reconocer nuestro negado lado oscuro, donde moran el dolor, la culpa y la angustia.

Y en ese encuentro, en esa "lucha", pasa algo curioso: la sombra deja de existir, al ser aceptada. Y justamente ocurre cuando dejamos de pelear con ella, cuando somos capaces de aceptarla como parte de nosotros.

Un hermoso acercamiento a esta experiencia es el poema de San Juan de la Cruz en el que narra el viaje del alma a través de la noche oscura hasta su unión con Dios. La noche no es más que la dolorosa experiencia del viaje que afronta el alma de quien procura ir en búsqueda de Dios.

En una noche obscura
con ansias en amores inflamada,
¡oh dichosa ventura!
salí sin ser notada,
estando ya mi casa sosegada.
A oscuras y segura
por la secreta escala disfrazada,
¡oh dichosa ventura!
a oscuras y en celada,
estando ya mi casa sosegada.
En la noche dichosa
en secreto, que nadie me veía,
ni yo miraba cosa,
sin otra luz y guía,
sino la que en el corazón ardía.
Aquesta me guiaba
más cierto que la luz del mediodía,
adonde me esperaba,
quien yo bien me sabía,
en sitio donde nadie parecía.
¡Oh noche, que guiaste!
¡oh noche amable más que el alborada:
¡oh noche que juntaste
Amado con Amada,
Amada en el Amado transformada!
En mi pecho florido,
que entero para él solo se guardaba,
allí quedó dormido,
y yo le regalaba,
y el ventalle de cedros aire daba.
El aire de la almena,
cuando yo sus cabellos esparcía,
con su mano serena
en mi cuello hería,
y todos mis sentidos suspendía.
Quedéme y olvidéme,
el rostro recliné sobre el Amado;
cesó todo, y déjéme,
dejando mi cuidado,
entre las azucenas olvidado.
San Juan de la Cruz, 1947, pp. 17-18)

Y otra versión más moderna y musical es la canción del mismo nombre de Loreena McKennitt (1994):
Upon a darkened night the flame of love was burning in my breast

And by a lantern bright I fled my house while all in quiet rest
Shrouded by the night and by the secret star I quickly fled
The veil concealed my eyes while all within lay quiet as the dead
Oh night though was my guide
Oh night more loving than the rising sun
Oh night that joined the lover to the beloved one
Transforming each of them into the other
Upon that misty night in secrecy, beyond such mortal sight
Without a guide or light than that which burned so deeply in my heart
That fire t'was led me on and shone more bright than of the midday sun
To where he waited still it was a place where no one else could come
Oh night though was my guide
Oh night more loving than the rising sun
Oh night that joined the lover to the beloved one
Transforming each of them into the other
Within my pounding heart which kept itself entirely for him
He fell into his sleep beneath the cedars all my love I gave
From o'er the fortress walls the wind would brush his hair against his brow
And with its smoothest hand caressed my every sense it would allow
Oh night though was my guide
Oh night more loving than the rising sun
Oh night that joined the lover to the beloved one
Transforming each of them into the other
I lost myself to him and laid my face upon my lovers breast
And care and grief grew dim as in the mornings mist became the light
There they dimmed amongst the lilies fair
There they dimmed amongst the lilies fair
There they dimmed amongst the lilies fair

Y escuchemos el más antiguo conocido relato sobre la *noche oscura del alma*: el descenso de Inanna al Inframundo. Inanna, nieta de An, el gran dios del Cielo, es, a su vez, la gran Diosa Madre, diosa del amor, de la guerra, de la fertilidad, del orden, del Cielo y la Tierra, y del sexo sagrado. La historia es narrada en un poema por Enheduanna, la alta sacerdotisa de An, a cargo del templo de Ur, el más grande e importante del reino. Enheduanna, mujer acadia, hija del rey Sargón, es la primera persona conocida que históricamente firmó alguna composición literaria, cerca del año 2.250 a.C., o sea hace más de 4.000 años...

Inanna se prepara para el viaje al Inframundo, un paso "desde el Gran Arriba al Gran Abajo". Es un viaje en búsqueda de conocimiento y sabiduría, un proceso de iniciación en los grandes misterios de la vida y la muerte. Descenderá, se encontrará con su hermana Ereshkigal, diosa del Inframundo, se entregará perdiéndose a sí misma, morirá y regresará con su conciencia transformada. El poema escrito en tablillas de arcilla se recuperó parcialmente, aunque lo suficiente como para conmovernos.

Desde el Gran Arriba ella abrió su oído al Gran Abajo.
Desde el Gran Arriba la diosa abrió su oído al Gran Abajo.
Desde el Gran Arriba Inanna abrió su oído al Gran Abajo.
Mi señora abandonó el cielo y la tierra para descender al inframundo.
Inanna abandonó el cielo y la tierra para descender al inframundo
(Wolkstein y Kramer, 1983, p. 27).

Inanna abandona su ministerio de sacerdotisa sagrada para descender al inframundo. Inanna entrará en el *Inframundo* llevando consigo los siete poderes divinos, de los cuales se irá desprendiendo uno a uno. Al Inframundo se entra sin artilugios, sin ropajes terrenales, sin máscaras, sin amuletos.

Colocó sobre su cabeza la *shugurra*, la corona de las llanuras.
Acomodó sobre su frente los oscuros rizos.
Ató las pequeñas cuentas de lapislázuli alrededor de su cuello,
Dejó que la doble hilera de cuentas descansara sobre su pecho,
Y envolvió la túnica real alrededor de su cuello.
Untó sus ojos con el ungüento llamado 'que venga, que venga',
Se ató el pectoral llamado 'Ven, hombre, ven' sobre su pecho,
Deslizó el aro de oro en su muñeca,
Y llevó en la mano la vara de medir y la línea de lapislázuli
(Wolkstein y Kramer, 1983, p. 27).

Inanna toca con fuerza la puerta, donde es recibida por Neti, el celoso guardián, a quien Inanna le ordena que la anuncie a su hermana. Ereshkigal le había dado precisas instrucciones a Neti: Inanna tendrá que despojarse de sus poderes, uno a uno para cruzar las siete puertas de ingreso;

y las puertas son pequeñas, de modo que tendrá que hacerlo desnuda y agachada… como un símbolo de humildad.

Neti obedeció las palabras de su reina.
Atrancó las siete puertas del inframundo.
Luego abrió la puerta exterior.
Le dijo a la doncella:
'Ven, Inanna, entra'.
Cuando entró al primer portón,
Le fue quitada la *shugurra*, la corona de la llanura.
Inanna preguntó:
'¿Qué es esto?'
Se le dijo:
'Silencio, Inanna, las costumbres del inframundo son perfectas.
No se pueden objetar'.
Cuando entró al segundo portón.
Le fueron quitadas las pequeñas cuentas de lapislázuli de su cuello.
Inanna preguntó:
'¿Qué es esto?'
Se le dijo:
'Silencio, Inanna, las costumbres del inframundo son perfectas,
No se pueden objetar'.
Cuando entró el tercer portón,
La doble hilera de cuentas de su pecho le fue quitada.
Inanna preguntó:
'¿Qué es esto?'
Se le dijo:
'Silencio, Inanna, las costumbres del inframundo son perfectas,
No se pueden objetar'.
Cuando entró el cuarto portón,
El pectoral llamado '¡Ven, hombre, ven!' fue quitado de su pecho.
Inanna preguntó:
'¿Qué es esto?'
Se le dijo:
'Silencio, Inanna, las costumbres del inframundo son perfectas,
No se pueden objetar'.
Cuando entró el quinto portón,
Le fue quitado el aro de oro de su muñeca.
Inanna preguntó:
'¿Qué es esto?'
Se le dijo:
'Silencio, Inanna, las costumbres del inframundo son perfectas.
No se pueden objetar'.
Cuando entró el sexto portón,
Le fue quitada la vara de medir y la línea de lapislázuli de su mano

91

Inanna preguntó:

'¿Qué es esto?'

Se le dijo:

'Silencio, Inanna, las costumbres del inframundo son perfectas.

No se pueden objetar'.

Cuando entró el séptimo portón,

La túnica real le fue quitada del cuerpo.

Inanna preguntó:

'¿Qué es esto?'

Se le dijo:

'Silencio, Inanna, las costumbres del inframundo son perfectas.

No se pueden objetar'.

Desnuda e inclinada, Inanna entró al salón del trono.

(Wolkstein y Kramer, 1983, pp. 29-31).

Me da escalofríos solo pensar que lo escribió una mujer hace como cuatro mil años.

Cumple así con los siete estados del descenso, renunciando a los *Me*, que son nada menos que el poder y las normas a seguir para gobernar la creación entera, incluidos los seres humanos, y entra desnuda al *Inframundo*. Se desprendió de su corona (su conexión con el cielo), los pequeños adornos de lapislázuli de sus orejas (su magia y su habilidad para manifestar), la doble hilera de cuentas del cuello (su iluminación), el pectoral de oro (su corazón amante), su aro dorado (su ego), su túnica (su rol sexual) y la vara de su mano (su voluntad). Se despoja así de todo lo que no corresponde a su verdadera identidad, las grandes ilusiones de la vida, su identificación con el ego.

Ya dentro del inframundo es juzgada, humillada, flagelada, convertida en un cadáver y colgada de un gancho desde una pared. Después de tres días de muerta Ninshubur (su fiel sirviente) acude a Enki (su tío y dios de la tierra) para que la salve. Enki crea y envía a dos creaturas con el alimento y el de agua de la vida, los que Ninshubur rocía sobre el cuerpo de Inanna, devolviéndole la vida. Quizás sea la primera divinidad que muere y que al tercer día resucita redimida y renovada.

Inanna y Ereshkigal, las dos hermanas, luz y oscuridad, respectivamente, representan juntas, de acuerdo con la antigua forma de simbolismo, una sola diosa con dos aspectos y su confrontación comprendía el sentido íntegro del difícil camino de las pruebas. El héroe, ya sea dios o diosa, hombre o mujer, la figura en el mito o la persona que sueña, descubre y asimila su opuesto (su propio ser insospechado) ya sea tragándoselo o siendo tragado por él. Una por una van rompiéndose las resistencias. El héroe debe hacer a un lado el orgullo, la virtud, la belleza y la vida e inclinarse o someterse a lo absolutamente intolerable. Entonces descubre que él y su opuesto no son diferentes especies, sino una sola carne (Campbell, 1999, p. 103).

El viaje al *Inframundo* es el viaje arquetípico que cada individuo puede hacer para alcanzar su completitud. Inanna por cierto no está completa hasta que emprende este viaje; se desprende de todos sus atributos terrenos, quedando desnuda y vulnerable; enfrenta su lado oscuro; muere a todo lo que es; y resucita. Solo después de este recorrido está completa y es digna de ser una Diosa, pues representa y gobierna los opuestos: el cielo y la tierra.

7.2 Las pruebas y victorias de la iniciación

May it be an evening star
Shines down upon you
May it be when darkness falls
Your heart will be true
You walk a lonely road
Oh! How far you are from home
Mornie utulie (darkness has come)
Believe and you will find your way
Mornie alantie (darkness has fallen)
A promise lives within you now
A promise lives within you now
(Enya, 2001)

Esta segunda gran etapa corresponde a las grandes pruebas y desafíos que tendrá que enfrentar el héroe y la heroína en la tierra de los milagros o el Mundo Extraordinario o Mágico. Se trata fundamentalmente de lo que Campbell llama *El camino de las pruebas* o el aspecto peligroso de los dioses, donde el resto de las "subetapas" son más bien posibilidades o pruebas no necesariamente sucesivas, sino que ocurrirán en algunos momentos o estadios de nuestras vidas, cada una de ellas como una prueba de iniciación:

La etapa de las "Pruebas y victorias de la iniciación" aparecerá en el capítulo segundo en seis subdivisiones: 1) "El camino de las pruebas", o del aspecto peligroso de los dioses; 2) "El encuentro con la diosa" (Magna Mater), o la felicidad de la infancia recobrada; 3) "La mujer como tentación", el pecado y la agonía de Edipo; 4) "La reconciliación con el padre"; 5) "Apoteosis", y 6) "La gracia última" (Campbell, 1999, pp. 40-41).

Después de nacer tenemos ante nosotros el trabajo de una vida, toda una larga travesía llena de pruebas. Moyers pregunta a Campbell ¿Qué significan estas pruebas y exámenes que debe sufrir el héroe? Y Campbell responde:

las pruebas están destinadas a comprobar si el supuesto héroe lo es de verdad. ¿Está a la altura de su tarea? ¿Puede superar los peligros? ¿Tiene el valor, el conocimiento, la capacidad, que le permitan servir a los demás?

Y el diálogo entre los dos continúa:

Moyers: En esta cultura de religión fácil y sin exigencias, me parece que hemos olvidado que las tres grandes religiones enseñan que las pruebas de la travesía del héroe son una parte importante de la vida, que no hay recompensa sin renuncia, sin pagar el precio. El Corán dice: '¿Crees que entrarás en el Jardín de la Gloria sin pruebas como las que pasaron otros antes que tú?'. Y Jesús dice en el Evangelio de san Mateo: 'Grande es la puerta y estrecho el camino que lleva a la vida, y pocos son quienes lo encuentran'. Y los héroes de la tradición judía superan grandes pruebas antes de llegar a su redención.
Campbell: Si comprendes cuál es el verdadero problema (perderte a ti mismo, entregarte a algún fin superior), comprendes que eso es en sí mismo la prueba definitiva. Cuando dejamos de pensar en primer lugar en nosotros y en nuestra supervivencia, sufrimos una transformación realmente heroica de la conciencia.
Y de eso tratan todos los mitos, de la transformación de una especie de conciencia en otra. Has estado pensando de un modo, ahora tienes que pensar de otro (Campbell y Moyers, 1996, p. 182).

El camino de las pruebas

Cruzado el umbral, el héroe entra en el Mundo Mágico y descubre una cantidad grande de seres, algunos amigables y otros deformes y peligrosos, que lo aterrorizan y que muchas veces tratarán de seducirlo para destruirlo o alejarlo del camino. Uno de sus tantos aprendizajes será aprender a saber en quien puede o no confiar y –cuando lo haga– hacerlo sin condiciones, que es una de las reglas que rigen este nuevo Mundo Mágico.

El héroe recorre su camino enfrentando una serie de pruebas, encuentra aliados y mentores, se topa con adversarios y guardianes. Avanza por el camino teniendo sus primeros triunfos, superando una a una las pruebas que aparecen, aprendiendo del nuevo Mundo Mágico. Desarrolla así sus recursos, iniciando su transformación. Es tiempo de grandes batallas y luchas que tendrán como resultado un yo cambiado, más poderoso y pleno. En cada batalla algo muere en él y algo nace en él.

Una vez atravesado el umbral, el héroe se mueve en un paisaje de sueño poblado de formas curiosamente fluidas y ambiguas, en donde debe pasar por una serie de pruebas… El héroe es solapadamente ayudado por el consejo, los amuletos y los agentes secretos del ayudante sobrenatural que encontró antes de su entrada a esta región. O pudiera ser que por primera vez descubra aquí la existencia de la fuerza benigna que ha de sostenerlo en este paso sobrehumano (Campbell, 1999, p. 94).

Si da ese paso quizás tome conciencia y asuma su poder, aprendiendo que son sus actos y decisiones las que lo llevan de un lugar a otro, que con sus actos construye su futuro, ya que con ellos creó este presente que está viviendo.

Tienen lugar entonces, entre el héroe y sus adversarios (demonios, centauros, dragones, faunos, harpías, ogros, perros de tres cabezas, seductoras sirenas, falsas princesas, brujas…), una serie de confrontaciones hasta alcanzar la victoria. El demonio no muere, sino que es reintegrado al ser del héroe, quien, transformado, llega así al misterioso mundo interior, la tierra de los milagros.

… muchas cabezas tienen esta Hidra que nos rodea; si se corta una, aparecen dos más, a menos que un cáustico adecuado se aplique a la parte mutilada. La partida original a la tierra de las pruebas representa solamente el principio del sendero largo y verdaderamente peligroso de las conquistas iniciadoras y los momentos de iluminación. Habrá que matar los dragones y que traspasar sorprendentes barreras, una, otra y otra vez. Mientras tanto se registrará una multitud de victorias preliminares, de éxtasis pasajeros y reflejos momentáneos de la tierra maravillosa." (Campbell, 1999, p. 104).

Es un lugar extraordinario, una foresta encantada de maravillas sobrenaturales. El héroe la recorre, se topa con muchos extraños eventos, pero con la ayuda del instrumento de poder que le diera su mentor al inicio del camino, y con su nueva sabiduría adquirida, está preparado para cualquier situación. Pronto sobrellevará la prueba suprema, que es una lucha monumental contra sus temores más básicos. Es el momento de encontrarse con la sombra.

Y así sucede que si alguien, en cualquier sociedad, escoge para sí la peligrosa jornada a la oscuridad y desciende, intencionalmente o no, a las torcidas curvas de su propio laberinto espiritual, pronto se encuentra en un paisaje de figuras simbólicas (cualquiera de ellas puede tragarlo)… (Campbell, 1999, p. 97).

Es el encuentro con la sombra, nuestra sombra, todo lo que tememos −pues lo hemos negado− y que es desconocido para nosotros; el gran salto o prueba para el que el héroe se está preparando, y que R. D. Laing poéticamente describió:

El rango de lo que pensamos y hacemos
está limitado por aquello de lo que no nos damos cuenta.
Y es precisamente el hecho de no darnos cuenta
de que no nos damos cuenta
lo que impide
que podamos hacer algo
por cambiarlo.

Hasta que nos demos cuenta
de que no nos damos cuenta
seguirá moldeando nuestro pensamiento y nuestra acción
(R. D. Laing, cit. por Jung y otros, 1993, p. 9).

El eje de la curiosa dificultad se encuentra en el hecho de que nuestros puntos de vista conscientes de lo que la vida debería ser, pocas veces corresponden a lo que la vida realmente es (Campbell, 1999, p. 115).

Saldrán entonces a la luz nuestras ignorancias, temores, sueños terroríficos y alucinaciones. La jornada se tornará oscura, a veces repugnante y –muchas veces– tediosa: capas y capas de miedos, dolor y tristeza aflorarán, obligándonos a ir cada vez más allá en un trabajo que parece nunca acabar. Si continuamos a pesar de todos los pesares (sic), encontraremos un camino ascendente, aunque...

para casi todos nosotros el camino ascendente se ve interrumpido por momentos de descenso, caída y depresión. Mis fracasos me han enseñado que siempre hay una segunda oportunidad. Lo que he conseguido crear después de caer, a menudo ha resultado mejor que el ejercicio planeado en un principio (Keen, 1999, p. 133).

La aproximación a la caverna más profunda

El héroe tiene éxito, ha superado prueba tras prueba y llega al segundo umbral, el lugar donde encontrará prodigios y terrores supremos, lo más profundo de su aventura; necesita estar preparado para enfrentarse al gran reto. Se relaja y hace planes, e incluso puede tener un encuentro amoroso (¡y si no, al menos héroe mío no sería!). Aquí el héroe está "en territorio chamánico, en ese filo que separa la vida de la muerte" (Vogler. 2002. p. 183). El héroe atraviesa un segundo umbral y se interna en la caverna más profunda. Y, finalmente, encuentra el escondite, la guarida de la bestia.

El héroe ya dejó de buscar afuera y ha ido hacia lo más profundo de sí mismo. La resistencia final será grande, nada comparado con las batallas anteriores. Además, esta prueba deberá pasarla solo, y todo lo ocurrido hasta ahora no es más que una preparación. El héroe será tragado por un monstruo o ingresará a un peligroso laberinto: ha conseguido entrar en la fortaleza del demonio.

Ya frente a la bestia, el héroe se enfrentará a ella en una feroz batalla —el gran combate—, solo para descubrir en el fragor de la lucha una verdad que jamás podría haber imaginado. Él, que desea el bien para todos, que ha defendido la justicia ya por un buen rato, que ha enfrentado y vencido malvados, alberga al tenebroso demonio dentro de sí mismo. Es el momento crucial del camino. Está a punto de sucumbir ante aquello que odia, pero que lo seduce, sin poder entenderlo.

La odisea

El héroe llega al nadir de su camino y se deberá enfrentar a su mayor miedo, a una prueba suprema, una prueba de vida o muerte, muerte real o simbólica; es la ordalía suprema, en la que debe utilizar todos los recursos y aprendizajes que recogió en el camino. Si logra sobrevivir recibirá su recompensa. Esta prueba constituye su muerte —simbólica, por cierto—; es la crisis más importante del viaje. Experimentará su muerte para luego renacer cambiado y transformado. Es el punto en el que las fuerzas opuestas se encuentran en su máxima expresión. Es el momento en que pareciera que el héroe debiera elegir entre unirse al mal que lo seduce, o rechazarlo prefiriendo una vida que parece insípida.

El héroe hará un gran esfuerzo para destruir al monstruo en su interior. Ahora adquiere sentido la búsqueda de la caverna para entrar dentro de ella. Debe aniquilar su sombra desde su interior para poder renacer. Resurgirá un nuevo hombre que ha conquistado y pasado la más dura y difícil de las pruebas para ganarse el elixir sagrado, que no es más que un nuevo conocimiento de sí mismo y del mundo que habita. Todos los dragones, ogros y guardianes han sido vencidos, y en esta última aventura, que podría parecer una batalla contra sí mismo, solo saldrá victorioso si deja de luchar. En realidad, ha luchado mucho tiempo contra sí mismo y –si gana la batalla– solo habrá un vencido: él mismo.

¿Y cuál es esta gran prueba por las que tendrá que pasar el héroe? ¿Cuáles son las pruebas que cada uno de nosotros enfrentará, quiéralo o no, a lo largo de la vida? Esta batalla puede tomar varias formas, dependiendo del punto de desarrollo en que se encuentre el héroe en su vida. Campbell nos las describe una a una.

La tentación

Campbell llama a esta etapa "la mujer como tentación", colocando a la mujer como representante de lo impuro, de las tentaciones que desvían al iniciado del recto camino, del camino de la virtud. De alguna manera esa mujer es la antítesis de la Gran Diosa, al representarla como la mujer de carne y hueso, la que, en los relatos que Campbell nos entrega, tienta y aleja del camino a grandes santos.

Pero la Gran Diosa y la mujer de carne y hueso que caminan sobre esta Tierra son una y la misma: la que alguna vez personificó Inanna, la Gran Diosa Madre del mundo y al mismo tiempo la Prostituta Sagrada, gran inspiradora y dadora de vida; la que nos lleva a la luz, la que entrega al hombre los sagrados *Me* con todas las enseñanzas, y la que nos invita al viaje al *Inframundo*.

De modo que me parece que esta prueba se refiere más a todas las tentaciones compulsivas que nos desvían del camino y que no son precisamente solo la mujer. Culpar a Eva eximiendo al ingenuo –por decir lo menos– Adán, es muy chato y una interpretación que denigra a la mujer. Tampoco se condice con la gran prueba del matrimonio místico con la Diosa Madre del Mundo, el matrimonio sagrado. No me cabe duda que ella se nos va a aparecer con faldita corta y una camisa ceñida. Ahora, si quedará solo al nivel de la tentación que nos aleje del camino, o la posibilidad de un encuentro con la Gran Diosa... está por verse. De modo que la mujer es solo una metáfora de las tentaciones físicas y materiales.

Campbell nos cuenta que

ni siquiera los muros de los monasterios, ni la lejanía de los desiertos, pueden proteger contra las presencias femeninas. Porque en tanto que la carne del ermitaño se aferre a sus huesos y se sienta tibia, las imágenes de la vida están alerta para trastornar su mente. San Antonio, cuando practicaba sus austeridades en la Tebaida Egipcia, era perturbado por alucinaciones voluptuosas perpetradas por demonios femeninos atraídos por su soledad magnética. Apariciones de este orden, con flancos de atracción irresistible y pechos que anhelan caricias, son conocidas a todos los ermitaños de la historia (Campbell, 1999, p. 118).

Pobrecito san Antonio.

De modo que otra prueba importante será el momento en que aparezca el seductor en cualquiera de sus formas, quien, con su encanto y promesas, intentará sacar al héroe de su camino. Le mostrará el otro lado de la Fuerza y sus beneficios. Es cuando aparecen las sirenas con sus cantos y miradas, atrayendo al héroe al fondo del mar, del que no podrá regresar. Es Calipso que retiene a Ulises por siete años en su isla, ofreciéndole la inmortalidad. Es el Canciller Palpatine, cuando intenta seducir al ya no tan inocente Anakin Skywalker con el poder, para salvar la vida de su amada princesa Padmé.

Así, el héroe se verá enfrentado a las tentaciones físicas o placenteras que lo desvían de este Matrimonio Sagrado, para abandonar o alejarse de su camino espiritual. Si no somos capaces de conectar con la mujer como Madre Cósmica, podremos caer en ella como tentación, y entendiendo a la mujer solo como una metáfora de las tentaciones físicas o materiales de la vida.

El matrimonio místico con la reina diosa del mundo representa el dominio total de la vida por el héroe; porque la mujer es la vida y el héroe es su conocedor y dueño. Las pruebas que sufre el héroe, preliminares a sus últimas experiencias y hechos, son el símbolo de esas crisis de

100

realización por medio de las cuales su conciencia se amplifica y se capacita para resistir la posesión completa de la madre destructora, su inevitable desposada. De esa manera sabe que él y el padre son uno solo: él ocupa el lugar del padre (Campbell, 1999, p. 114).

Así expresado, en los términos más extremos, el problema puede parecer alejado de los asuntos de las creaturas humanas normales. Sin embargo, cada fracaso para enfrentarse a una situación vital debe ser referido, finalmente, a una restricción de la conciencia… La función del individuo es descubrir su propia posición con referencia a esta fórmula humana general y permitir que lo ayude a traspasar los muros, que lo reprimen. ¿Quiénes son y dónde están sus ogros? Esas son las reflexiones de los enigmas no resueltos de su propia humanidad. ¿Cuáles son sus ideales? Tales son los síntomas de su aferrarse a la vida (Campbell, 1999, p. 114).

Después de cuarenta días de ayuno en el desierto Jesús fue tentado tres veces por el demonio para probar su fortaleza interior. Para saciar su hambre, el diablo le pide que convierta las piedras en pan. Jesús le contesta que "no solo de pan vive el hombre". Luego, subiéndolo al pináculo del templo, le pide que se tire al abismo para demostrar su poder, ya que Dios, su padre, enviará a los ángeles para sostenerlo. Jesús le responde que escrito está: "No tentarás al Señor tu Dios". Y por último, lo lleva a un monte muy alto donde, tras mostrarle todos los reinos del mundo y su gloria, se los ofrece si lo adora. Jesús le deja muy claro que "solo deberá adorar al Señor, su Dios", rindiéndole culto solo a Él (Mateo 4:1-11).

También Buda es tentado bajo el árbol de Bodhi, tras varios días de meditación. Se le aparece Mara, quien parte por enviarle a sus tres sensuales hijas (Deseo, Consumación y Nostalgia), frente a las cuales, Buda ni se inmuta. Mara sigue con un ejército de monstruos, que no logran asustar al Buda. Y –por último– Mara lo provoca preguntándole qué derecho tenía para convertirse en un Buda ("Ser Iluminado") y que nadie lo entenderá cuando regrese al mundo, y por tanto, no vale la pena enseñar. Entonces se apareció el Ser Sagrado, quien, señalando hacia la Tierra, mostró los numerosos actos buenos que había realizado el Buda en sus vidas anteriores y en esta. La Tierra tembló, los cielos se abrieron y Mara se retiró.

La reconciliación con el padre

En el desarrollo del niño, cuando éste...

sobrepasa el idilio con el pecho materno y vuelve a enfrentarse con el mundo de la acción adulta especializada, pasa, espiritualmente, a la esfera del padre, que se convierte, para su hijo, en la señal del trabajo futuro, y para su hija, en el futuro marido. (...) el padre es el sacerdote iniciador a través del cual el adolescente entra a un mundo más amplio. Y así como antes la madre ha representado el "bien" y el "mal", ahora eso mismo es el padre, pero con esta complicación: que hay un nuevo elemento de rivalidad en el cuadro: el hijo contra el padre por el dominio del universo, y la hija contra la madre para ser el mundo dominado (Campbell, 1999, pp. 127-128).

Finalmente, este elemento de rivalidad –consiente o no– ha llevado al hijo a un punto de enfrentamiento. Corresponde entonces uno de los pasos cruciales del viaje. Esta prueba lo llevará a la lucha por el poder supremo, con aquello a lo que más teme y –por otro lado– lo que más desea y admira. El héroe deberá enfrentar aquello que ostenta y representa para él el máximo poder en su vida: la figura paterna o algún ser que posee el poder sobre la vida y la muerte. Incluso en muchas historias y mitos deberá enfrentar y vencer a su propio padre, como los muestran los mitos y leyendas que estudian Lord Raglan y Rank, en un paso decisivo para coronarse rey.

Con esta prueba el héroe asumirá la autoridad interna, requisito para dejar atrás su categoría de discípulo o hijo, para entrar al mundo adulto y convertirse en la persona que tiene el mando, en el padre. Ya no está por debajo de él, sujeto al miedo y la culpa, sino a su misma altura; es otro igual. Ha dejado atrás el miedo al padre; ya no necesita más su aprobación en la vida, ya que él tomará ahora las decisiones. Ya no habrá más culpa por miedo a equivocarse, ni tampoco castigos. Con esta nueva posición de autoridad tomará el control de su propia vida, pasando a ser independiente y soberano.

Alejandro Jodorowsky nos entrega la historia de la casta de los Metabarones, cinco generaciones de guerreros que serán sometidos a numerosas pruebas para ser enseñados y entrenados por sus padres, quienes los maltratarán, deformarán y mutilarán, remplazando la parte dañada por un implante cibernético. Su prueba ritual final será matar a su padre en una feroz lucha, para así tomar su puesto y convertirse en el nuevo Metabarón.

Porque el aspecto de ogro del padre es un reflejo del propio ego de la víctima, derivado de la sensacional escena infantil que se ha dejado atrás, pero que ha sido proyectada para el futuro... impidiendo que su espíritu potencialmente adulto llegue a tener una visión más realista y más equilibrada del padre, y por ende del mundo (Campbell, 1999, p. 122).

Se trata, entonces, de otra reconciliación con dos aspectos coexistentes de la vida, esta vez con el padre, esa figura todopoderosa, el ogro que ha sido el responsable de tantas mutilaciones y maltratos. Reconciliarse con su poder y fuerza le permitirá al héroe asumir en una justa medida su nueva posición de poder, una en que, además, quizás incorpore a la Gran Diosa Madre y a la mujer como la tentación que lo aleja del mundo espiritual.

El encuentro con la Diosa Madre del Mundo

Adquirir conciencia de que LA MUJER tiene una abrumadora influencia sobre mi vida y sobre la de todos los hombres a quienes conozco fue un lento amanecer.
No estoy hablando sobre las mujeres, esas criaturas reales de carne y hueso, sino de LAS MUJERES, aquellas sombrías figuras femeninas más grandes que la vida, que moran en nuestra imaginación, dan forma a nuestras emociones e indirectamente, dirigen muchos de nuestros actos (Keen, 1999, p. 25).

La gran prueba suprema que en algún momento de su vida tendrá que enfrentar el hombre será un importante encuentro, el que puede representarse como el matrimonio místico del héroe con la Diosa Madre del Mundo, el matrimonio sagrado. Es el desafío de integrar el ánima/animus.

La última aventura, cuando todas las barreras y los ogros han sido vencidos, se representa comúnmente como un matrimonio místico (hierogamia) del alma triunfante del héroe con la Reina Diosa del Mundo. Ésta es la crisis en el nadir, en el cénit, o en el último extremo de la Tierra; en el punto central del cosmos, en el tabernáculo del templo o en la oscuridad de la cámara más profunda del corazón... (Campbell, 1999, p. 104).

¿Y quién es esa Diosa Madre?

La figura mitológica de la Madre Universal imputa al cosmos los atributos femeninos de la primera presencia, nutritiva y protectora. La fantasía es en principio espontánea, porque existe una correspondencia obvia y estrecha entre la actitud del niño hacia su madre y la del adulto hacia el mundo material que lo rodea (Campbell, 1999, p. 107).

Aquí Campbell cita a Flügel, quien dice que existe

una asociación muy general, por una parte, entre la noción de mente, espíritu o alma y la idea del padre y de la masculinidad, y por otra, entre la noción de cuerpo o de materia (materia, lo que pertenece a la madre) y la idea de la madre o principio femenino. La represión de las emociones y sentimientos relacionados con la madre [en nuestro monoteísmo judeocristiano] ha producido, en virtud de esta asociación, una tendencia a adoptar una actitud de desconfianza, desprecio, asco u hostilidad hacia el cuerpo humano, la Tierra y todo el universo material, con una tendencia correspondiente a exaltar o a acentuar demasiado los elementos espirituales... (Campbell, 1999, p. 107).

Sabemos cómo en nuestra sociedad se reprimen las emociones y la corporalidad. Hemos hecho una distinción importante: de la cintura para arriba lo que aceptamos, "lo bueno", y de la cintura para abajo "lo malo", lo que asusta y rechazamos. Y no hay que malentender qué representa la mujer, la Madre Cósmica en este viaje, muy lejos de ser la sexualidad como la entendemos en nuestros tiempos. Más bien...

104

La mujer, en el lenguaje gráfico de la mitología, representa la totalidad de lo que puede conocerse... Ella lo atrae, lo guía, lo incita a romper sus trabas. Y si él puede emparejar su significado, los dos, el conocedor y el conocido, serán libertados de toda limitación. La mujer es la guía a la cima sublime de la aventura sensorial... El héroe que puede tomarla como es, sin reacciones indebidas, con la seguridad y la bondad que ella requiere, es potencialmente el rey, el dios encarnado, en la creación del mundo de ella (Campbell, 1999, p. 110).

El encuentro con la diosa (encarnada en cada mujer) es la prueba final del talento del héroe para ganar el don del amor... que es la vida en sí misma, que se disfruta como estuche de la eternidad (Campbell, 1999, p. 112).

De modo que esta prueba será reconocer a la Gran Diosa como la creadora de todo lo que existe, de esta Tierra que nos acoge y sustenta como dadora de alimento y nutrición, de las galaxias y el universo entero que nos llaman de regreso, y como dadora de vida. Pero también tendremos que aceptar que es la muerte de todo lo que muere. Así...

todo el proceso de la existencia queda comprendido dentro de su poder, desde el nacimiento, la adolescencia, la madurez, la ancianidad y la tumba. Es el vientre y la tumba, la puerca que come a sus lechones. Así reúne el "bien" y el "mal" exhibiendo las dos formas de la madre recordada, no sólo la personal sino la universal (Campbell, 1999, p. 108).

Lo femenino representa aquí todo lo que puede conocerse, es el encuentro con lo más sagrado, es la realización de que somos uno y la misma cosa que nuestro temido opuesto. Se nos aparece así la Madre Cósmica, la diosa Kali con sus dos facetas aparentemente irreconciliables: por un lado, es la energía femenina que gesta la vida, y por otro es la destructora de la vida. Es así las dos caras de la moneda: el bien y mal, el odio y el amor, la destrucción y la construcción, dos aspectos que forman parte de la misma esencia del Todo.

Las imágenes de Kali la representan en sus dos aspectos simultáneamente, el terrible y el benigno. Tiene cuatro brazos que muestran su gran poder: con sus manos izquierdas nos aterroriza: en la superior empuña un sable ensangrentado, mientras que en la inferior una cabeza humana cercenada y sangrante. Por otro lado, con la mano derecha nos cuida y nutre: la superior está levantada en una actitud de quien dice "no me temáis", y la inferior nos ofrece los bienes. Es…

la Fuerza Cósmica, la totalidad del universo, la armonía de todas las parejas de contrarios, combinando maravillosamente el terror de la destrucción absoluta con una seguridad impersonal pero materna. Por otra parte, era el río del tiempo, la fluidez de la vida, la diosa que al mismo tiempo crea, protege y destruye. Su nombre es Kali, la Negra; su título, La Barca que cruza el Océano de la Existencia (Campbell, 1999, p. 109).

La Gran Diosa Madre está muy lejos de ser la reina o emperadora que acompañará desde lejos a su señor conquistador. Como madre y creadora ella es el artífice de la transformación y transmutación, representando tanto a la vida como la muerte, el viaje a la luz y al inframundo; el conocimiento supremo. "La Gran Diosa es un principio organizador del universo que personifica todas las fuerzas de la vida, muerte y resurrección en su figura" (George, 1992, cp. 2, trad. propia).

Este encuentro es, en realidad, un reencuentro con la Gran Diosa Madre venida de los cielos, quien, de acuerdo a las tablillas sumerias, nos creó y llevó en su útero por el tiempo suficiente para dar vida al primer ser humano sobre esta tierra –Adam– el que luego fuera reconocido por los "dioses" como un "nuevo ser, no una criatura", importante diferencia, pues, aunque parte del conocimiento le fue vedado al no activarle todos los hilos del ADN, sí tuvo derecho al "libre albedrío".

Y si una mujer nos dio la vida, fue otra, *Inanna*, quien robó los *Me* a su tío *Enki* para entregárselos al hombre y permitirle tener todo el conocimiento de estos "dioses". A una "diosa" le debemos la existencia; a otra, todo el conocimiento que nos hace seres civilizados. Estos dos hechos desatarían guerras cósmicas que definirían la permanencia del hombre sobre la Tierra, sus capacidades y posibilidades.

Aparece, entonces, la Gran Diosa en sus tres facetas, con sus tres fases: el nacimiento, juventud, la joven primavera, la luna nueva; luego, la madre fértil, el verano, con la luna llena; y, por último, otoño, la mujer vieja y sabia, el invierno, con luna decreciente. Es la Diosa en sus tres aspectos de los Misterios de Eleusis: la madre Deméter, la hija Perséfone y la sabia Hécate. Y será la misma que se le aparece en tres formas a Arturo: la Dama del Lago que le da su espada, su esposa Guinevere y su mágica media hermana Morgana le Fay. (Houston, 2009).

A la Gran Diosa le debemos los poderes de la magia y la adivinación, de la sanación y la sexualidad sagrada; el conocimiento de los misterios de la vida, la muerte y la resurrección. Es decir, todo aquello relacionado con las dimensiones no físicas de la existencia. Aceptar todas las facetas de la creación es una gran prueba. Es aceptar la totalidad de la vida, con sus aspectos de nacimiento y muerte. Y en nuestra sociedad aceptamos la vida, nos enternecemos frente a un bebé, pero rechazamos y despreciamos la vejez como algo desagradable y negativo. ¿Y por qué, si nos han dicho que al morir nos sentaremos a la diestra de Dios? Curiosamente, un anciano está tan cerca de esa experiencia, que podríamos envidiarlo…

El encuentro con el Minotauro

Agrego a las pruebas señaladas por Campbell, una que es relevante para Rolando Toro: el encuentro con el Minotauro. El Proyecto Minotauro desarrollado por Rolando es un abordaje del destino humano. El Minotauro representa nuestros impulsos primordiales, frente a los cuales muchas veces sentimos pavor.

El mito del Laberinto y del Minotauro es una metáfora arquetípica que representa nuestra existencia llena de dudas y enigmas; el mundo en que vivimos se nos aparece cada vez más complicado y problemático, lleno de recovecos y caminos sin salida. Nuestro trabajo, nuestra vida, nuestras relaciones y nuestra espiritualidad parecen desenvolverse en una serie de problemas e historias, muchas de los cuales nos parecen laberintos o callejones sin salida.

El Minotauro simboliza nuestros instintos, ante su expresión nos paralizamos de miedo. Por otro lado...

el laberinto es el símbolo del misterioso universo donde habitan nuestras fantasías inconscientes, nuestros deseos inconfesables, nuestros miedos y represiones y, también, nuestra salvaje inocencia. (...) Desde el punto de vista psicológico y metafísico el laberinto puede ser considerado un símbolo de la humanidad que se busca a sí misma en medio de una total desorientación (Toro, 1988, p. 32).

Vivimos en un proceso constante de desorganización en todos los aspectos de nuestra existencia: biológico, psicológico, familiar, laboral, ecológico y religioso, el que se da en los niveles: personal, interpersonal (relaciones con los demás) y el transpersonal (relación con el mundo, el universo, lo divino). Aparecen el cáncer como expresión del desorden celular en varios niveles y órganos del cuerpo; la esquizofrenia y paranoia, cuando nuestra mente intenta infructuosamente entender y adaptarse a la "realidad" externa que nos agobia; la familia y pareja se han transformado en "proyectos"; el amor –que sigue siendo una de las máximas aspiraciones– aparece ya casi como una utopía alimentada por el consumismo; nuestro medio ambiente, depredado con fines económicos. Así, angustiados y en soledad, tratamos de sobrellevar una vida que se nos aparece como carente de sentido en una sociedad donde las religiones tradicionales solo nos ofrecen respuestas caducas promovidas por líderes incoherentes con su prédica.

El hombre moderno vive cada vez más desconectado de sí mismo y del mundo que lo rodea: piensa una cosa, siente otra y, finalmente hace otra distinta. Su vida completa es incoherente en todo nivel.

La disociación alcanza todos los niveles: disociación entre pensamiento y acción, entre emoción y expresión, percepción y motricidad, amor y deseo sexual, sentimiento y acción, individuo y especie, y, como síntesis final, constatamos la trágica disociación entre hombre y naturaleza (Toro, 1988, p. 17).

Y como culminación, entre el hombre y Dios.
En *El Arte de Amar*, Erich Fromm nos señala cómo:

Cuando el hombre nace, tanto la raza humana como el individuo, se ve arrojado de una situación definida, tan definida como los instintos, hacia una situación indefinida, incierta, abierta. Sólo existe certeza con respecto al pasado, y con respecto al futuro, la certeza de la muerte.

El hombre está dotado de razón, es vida *consciente de sí misma*: tiene conciencia de sí mismo, de sus semejantes, de su pasado y de las posibilidades de su futuro. Esa conciencia de sí mismo como una entidad separada, la conciencia de su breve lapso de vida, del hecho de que nace sin que intervenga su voluntad y ha de morir contra su voluntad, de que morirá antes que los que ama, o éstos antes que él, la conciencia de su soledad y su "separatidad", de su desvalidez frente a las fuerzas de la naturaleza y de la sociedad, todo ello hace de su existencia separada y desunida una insoportable prisión (Fromm, 2011. p. 22).

Y esta disociación, esta separatidad, crea en nosotros un sentimiento de desilusión, de pérdida constante, de vivir sin sentido, al mismo tiempo que desencadena frustración y rabia contra nosotros mismos y contra todo lo que nos rodea, contra la vida misma en general.

En esta desconexión absoluta apenas logramos comunicarnos, y cuando lo hacemos, es en forma estereotipada, vaga y superficial, sin llegar a la intimidad, la que es casi una impertinencia. Vivimos en una absurda dicotomía, separando el amor del placer, atrapados en relaciones superficiales por temor a amar, sin tan siquiera sospechar la posibilidad de la fusión amorosa. En el plano de la vitalidad, cada vez son más frecuentes las depresiones, los estados de desánimo, de "no estar ni ahí" y de estrés.

De este modo, la angustia parece ser la característica fundamental de nuestra vida, nos sentimos perdidos y solos, sin encontrar una salida adecuada. El camino que nos lleva a la tan ansiada paz interior, a la esquiva felicidad, está lleno de dudas, de pasadizos sin salida, de caminos sin fin, de eternos ires y venires, de falsas esperanzas y de espejismos, y nuestra vida transcurre en un verdadero laberinto existencial.

Frente a esta situación, el mito griego del Laberinto y el Minotauro se nos presenta como una alegoría de nuestra vida. Frente al Minotauro –criatura monstruosa y peligrosa– se nos ofrecen dos alternativas: entrar en el laberinto para ser devorados por él, perdiendo toda esperanza, o entrar y enfrentarlo, luchar y matarlo; morir en sus manos o destruirlo. Y, ¿qué representa el Minotauro? ¿Qué significa matar al Minotauro? Para entender esto, conozcamos el mito.

Zeus, el dios del cielo, se enamoró de la bella Europa, deseándola fervientemente. Para poseerla se disfrazó de toro, un bello toro blanco, y se la llevó a través del mar hasta la isla de Creta, donde la violó. Tanto le atraía que volvió muchas veces más, dándole tres hijos, uno de ellos Minos. Años después, Asterios, rey de Creta, se enamoró de Europa, se casó con ella y adoptó a sus tres hijos. Minos se casó con Parsifae, con quien tuvo muchos hijos e hijas, entre ellas Ariadna. Cuando murió Asterios, Minos pidió a Poseidón su ayuda para obtener la sucesión del trono de Creta. Poseidón accedió a ayudarlo, para lo cual prometió enviar un toro blanco como señal de que los dioses lo favorecían, con la condición de que el toro sería sacrificado en su honor como una retribución y muestra de agradecimiento. Poseidón cumplió su palabra, haciendo surgir de las olas un magnífico toro blanco. Pero una vez que Minos hubo asegurado la corona, no cumplió su promesa y decidió engañar al dios, sacrificando otro toro. Poseidón montó en cólera, e hizo que Parsifae se enamorara perdidamente del toro blanco salido del mar. Parsifae se las arregló para satisfacer su ardiente lujuria con la ayuda de Dédalo, quien construyó una vaca de madera de tamaño real para poder ocultase en su interior, artificio mediante el cual engañó al toro, consumando la unión. Así nació el Minotauro, un monstruo con cabeza de toro y cuerpo de hombre, que se alimentaba solo de carne de vírgenes humanas. Minos, humillado y avergonzado, mandó a Dédalo a construir un palacio, el que, como un gran laberinto, impediría la salida del monstruo. Así, el Minotauro fue encerrado en un laberinto, del cual jamás podría salir.

Tiempo después, Creta declaró la guerra a Atenas, guerra en la cual el hijo de Minos fue asesinado. Minos clamó venganza y envió a su ejército contra Atenas, la que, sin poder ofrecer resistencia, aceptó las condiciones de Minos para obtener la paz: cada nueve años enviarían siete muchachos y siete doncellas a Creta, para servir de alimento al Minotauro. Solo una condición dio alguna esperanza a los atenienses: si uno de los jóvenes conseguía matar al Minotauro y salir del laberinto, salvaría su vida y la de sus compañeros, eximiendo a Atenas de la condena.

Teseo, hijo del rey de Atenas, se ofreció como voluntario, con el fin de destruir al Minotauro y así liberar a su pueblo de esta afrenta. Consiguió la protección de Afrodita, quién encendió en Ariadna un apasionado amor por él. Ariadna estuvo dispuesta a ayudar a Teseo en su empresa de matar al Minotauro, para lo cual le entregó un ovillo que le serviría para marcar sus pasos por las intrincadas galerías del Laberinto y poder volver al exterior, una vez que hubiese dado muerte al Minotauro.

Teseo triunfó matando al Minotauro y huyó de vuelta a Atenas, llevándose a Ariadna con la promesa de hacerla su esposa, promesa que no cumplió, abandonándola en la isla de Naxos. Al llegar a Atenas, Teseo, como agradecimiento a los dioses que le habían auxiliado, estableció el culto de Afrodita e instauró las fiestas en honor de Apolo.

Curiosamente, Dionisio, el dios del vino y del éxtasis, de la liberación y del abandono, salvó a Ariadna y la esposó. Zeus luego le concedería a ella la inmortalidad, para que pudiese eternamente viajar con Dionisio, celebrando la vida. En otra versión, Teseo no abandonó a Ariadna, sino que fue raptada por Dionisio; y en otra, Ariadna se ahorcó, tras ser abandonada por Teseo, para ser rescatada por Dionisio, quien descendió al Hades (inframundo) con ella y la trajo de vuelta.

En este mito el Minotauro es el resultado del desenfreno de Parsifae, quien buscó ser poseída por el toro blanco, dejándose llevar por sus deseos. El toro representa la expresión de este deseo, que es fuerza de vida, salvaje, primitiva e incontrolable. El toro es blanco, símbolo de pureza y divinidad. De tal manera nos aparece esta fuerza como algo hermoso, puro y proveniente de los dioses. Pero el resultado de dejarse llevar por esta fuerza primitiva fue pavoroso y vergonzoso: un monstruo mitad toro y mitad hombre que Minos esconde en el fondo de un intrincado laberinto del que no se puede salir con vida; el contacto con este ser significa una muerte segura. En su naturaleza el Minotauro es algo peor que un animal que no tiene conciencia, es un hombre cuya cabeza –la razón– es controlada por lo animal, dejándose llevar fuera de todo control. Avergonzados, negamos la existencia de este ser, ocultándolo y separándolo de nuestras vidas. Su alimento son siempre muchachos y doncellas jóvenes e inexpertas, quienes le son entregados como un sacrificio, para mantenerlo bajo control dentro de las paredes del laberinto. Quizás, si no fuese así, el monstruo podría escaparse y devorar a cualquiera. Por último, la única posibilidad de liberarse de él, es que alguien lo enfrente y lo mate, lo que liberaría tanto a sus protectores como a aquellos que están obligados a morir en sus fauces.

En contraposición a esta interpretación del mito, Rolando Toro nos ofrece un abordaje completamente distinto: el Minotauro representa el instinto, lo primitivo, lo salvaje, y matarlo equivale simbólicamente a asesinar el instinto. Así, el sacrificio del Minotauro se convierte en el rito de la represión del instinto, de la negación de nuestros impulsos básicos de vida. Más aún, es también la pérdida del paraíso primordial, de la fuente de vida y, por ende, de la energía vital que necesitamos para realizar nuestra existencia, de modo que el precio que pagamos por mantenerlo encerrado es demasiado alto.

Entonces, en vez de matarlo, es decir negarlo, la propuesta de Toro es enfrentar al Minotauro como una manera de confrontarnos con nuestros miedos a lo instintivo. Pero este enfrentamiento no tiene como fin matarlo, sino reconocerlo. Reconocer nuestro miedo nos transforma de tal modo, que al final abrazamos al Minotauro en un acto de reconocimiento y agradecimiento:

El objetivo de este proyecto es restablecer el contacto con esta fuerza primordial, valorizar su belleza y su poder autorregulador. En esta experiencia el desafío no consiste en matar al Minotauro interior, sino en asumirlo (hacerlo propio) (Toro, 2005b, p. 35).

De esta manera, abrazar al Minotauro es el acto mediante el cual reconocemos nuestra naturaleza terrenal, animal; nuestro hecho de estar vivos, pues sin esta "naturaleza inferior" seríamos solo espíritus o energía libre. Es esta naturaleza la que nos confiere la corporalidad, y con ella o mediante ella o junto a ella, elevarnos a los cielos divinos y majestuosos.

Apoteosis

El héroe llega al final de su aventura en forma brillante, es reconocido como héroe, alcanza la gloria y es ensalzado con grandes honores y alabanzas, como corresponde a un gran vencedor. Así, es elevado al rango de los dioses, experimentando su propia divinización.

El héroe alcanza la transformación última; ha logrado la gran meta de la purificación espiritual. Ha conseguido morir al ego, ha superado la dualidad y vive ahora en el espíritu, pues ha logrado reconocer que es más que solo un hombre. Lo más esencial de la vida le ha sido revelado, quedando en un estado de amor, paz, felicidad y compasión. Experimenta una profunda comprensión de sí mismo y de los demás; se ha perdonado a sí mismo y a sus semejantes, y ha alcanzado un grado elevado de consciencia. Ha superado la dualidad, los opuestos se funden, habiendo aprendido que la muerte y la vida son solo dos caras de la misma moneda. Ha muerto a su vieja identidad y ha emergido un nuevo ser lleno de conocimiento y sabiduría. Esta experiencia le permite unir lo femenino con lo masculino, encontrando y reuniendo el héroe las fuerzas divinas en él. Esta etapa es un momento de paz antes de iniciar el retorno.

Se unen aquí en este nivel…

las dos aventuras mitológicas aparentemente opuestas: el Encuentro con la Diosa y la Reconciliación con el Padre. Pues en la primera, el iniciado aprende que el varón y la hembra son (…) las dos mitades de un guisante partido. Y en la segunda, se descubre que el (…) pronombre "Él" era una forma de hablar, y el mito del estado de Hijo una línea guía que debe ser borrada. Y en ambos casos se descubre (o más bien, se recuerda) que el héroe en sí mismo es aquello que ha venido a encontrar (Campbell, 1999, p. 151).

El héroe vive…

La pausa ante el umbral del Nirvana, la resolución de seguir adelante hasta el final del tiempo (que no tiene final) antes de sumergirse en la plácida fuente de la eternidad, representa el darse cuenta de que la distinción entre la eternidad y el tiempo es sólo aparente, hecha por la mente racional, pero disuelta en el conocimiento perfecto de la mente que ha trascendido las parejas de contrarios. Lo que se comprende es que el tiempo y la eternidad son dos aspectos de la misma experiencia total; dos planos del mismo inefable no dual; es decir, la joya de la eternidad está en el loto del nacimiento y de la muerte: *om moni padme hum* (Campbell, 1999, pp. 141-142).

Campbell y Moyers siguen conversando…

todo tiene su opuesto. Pero la mitología sugiere que más allá de una dualidad hay una singularidad sobre la que aquella juega como un juego de sombras. 'La eternidad está enamorada de los productos del tiempo', dice el poeta Blake.

Moyers: ¿Qué significa que 'la eternidad está enamorada de los productos del tiempo'?
Campbell: La fuente de la vida temporal es la eternidad. La eternidad se derrama a sí misma en el mundo. Es la idea mítica básica del dios que se multiplica en nosotros (Campbell y Moyers, 1996, p. 84).

Y, por otro lado, la eternidad se nutre de lo temporal, el infinito necesita de lo finito, lo inmortal de la mortalidad, para devenir ser, expresarse, desenvolverse, desarrollarse.

La gracia última

Superadas las grandes pruebas, la odisea, queda ya solo una meta por alcanzar. El héroe ha sido divinizado, pero aún es mortal. Todo su recorrido lo ha preparado para esta gran prueba: se ha purificado para algo trascendente; no se trata solo de un elixir figurado, sino del elixir de la vida misma, el que lo hace inmortal.

Así el rey Arturo irá tras el Santo Grial, Gilgamesh buscará la planta que le dará la inmortalidad, y Zeus, como premio, concederá la inmortalidad a sus preferidos, entre ellos a Dionisio y a Ariadna. La gran prueba será entonces la inmortalidad. Y aquí aparece Ulises, quien, luego de superar todas las pruebas a las que ha sido sometido por Poseidón, enfrenta la última, la más dura y difícil de todas: la tentación de la inmortalidad que le ofrece Calipso.

Pero es también esta perspectiva desde la que hay que comprender los terribles obstáculos que va a hallar en su camino (...) desafíos destinados a poner en evidencia y resaltar el valor, la fuerza o la inteligencia del héroe. Se trata de pruebas infinitamente más profundas, dotadas de un sentido fuerte y a la vez preciso.
Si el destino de Ulises, como le dice explícitamente Zeus al principio del poema, es regresar a su casa y poner en orden su ciudad para volver a hallar su lugar preciso cerca de los suyos, los obstáculos que Poseidón le va a colocar no los elige, como si dijéramos, al azar. Se trata de desviarlo de su camino y su destino, de hacerle perder el sentido de su existencia y de impedirle alcanzar la vida buena. Los obstáculos que salpican su itinerario son tan filosóficos como el objetivo del viaje. Pues no hay más que dos formas de conseguir apartar a Ulises de su destino (...) el olvido

115

y la tentación de la inmortalidad. Tanto el uno como la otra impiden que los hombres sean hombres. Si Ulises olvida quién es, también olvidará adónde va, y nunca alcanzará la vida buena. Pero si aceptase asimismo la oferta de Calipso, si cediese a la tentación de ser inmortal, dejaría en ese instante de ser un hombre. No sólo porque se convertiría en un dios, sino también porque la condición de esta 'apoteosis', de esta transformación en divinidad, sería el exilio: tendría que renunciar para siempre a vivir con los suyos, a su sitio, de modo que lo que perdería sería su propia identidad. Paradoja que impulsa todo el trayecto del héroe y da sentido al conjunto de la epopeya: al aceptar la inmortalidad, Ulises se convertiría en algo parecido a un muerto. En última instancia ya no sería Ulises, el marido de Penélope, el rey de Ítaca, el hijo de Laertes... Sería un exiliado anónimo, un sin-nombre, condenado toda la eternidad a no volver a ser él mismo, lo que a ojos de un griego es una buena definición del infierno. Conclusión: la inmortalidad es para los dioses, no para los humanos, y no es lo que uno debe buscar desesperadamente en esta vida. Por eso, lo que amenaza a Ulises a lo largo de todo el viaje es la pérdida de los dos elementos constitutivos de una vida lograda: la pertenencia al mundo y la pertenencia a la humanidad, al cosmos y a la finitud. (Ferry, 2010, pp.184-185).

De modo que esta finitud, esta mortalidad, nos define y nos da un sentido después de todo. Entonces no se trata de la inmortalidad física, sino, del Conocimiento Supremo, el que solo alcanzará si realiza la verdad de que ya lo tiene.

Se cuenta la historia de un estudioso de Confucio que buscaba al vigésimo octavo patriarca budista, Bodhidharma, "para pacificar su alma". Bodhidharma replicó: "Muéstramela y la pacificaré". El hombre replicó: "Ese es mi problema, no la encuentro". Bodhidharma dijo: "Tu deseo se ha concedido". El hombre comprendió y partió en paz. Aquellos que saben no sólo que el Eterno vive en ellos, sino que lo que son verdaderamente ellos y todas las cosas es el Eterno, habitan en los sotos de los árboles que colman los deseos, beben el líquido de la inmortalidad y escuchan en todas partes la música silenciosa de la eterna armonía. Éstos son los inmortales. Los pintores de paisajes taoístas en China y en Japón describen en forma suprema lo celestial de este estado terrestre. Los cuatro animales benévolos, el fénix, el unicornio, la tortuga y el dragón, viven en los jardines de sauces, los bambúes y los ciruelos y entre la niebla de las montañas sagradas, cerca de las esferas divinas. Los sabios, de ásperos cuerpos, pero de espíritus eternamente jóvenes, meditan en las montañas o viajan sobre las mareas inmortales montados en animales extraños y simbólicos, o tienen conversaciones deliciosas junto a las tazas de té al sonido de la flauta de Lan Ts'ai-ho (Campbell, 1999, p. 155).

116

Tal vez entonces descubramos, como hizo el propio Rilke, que:

Quizá todos los dragones de nuestra vida sean princesas que sólo esperan vernos actuar, por una vez, con belleza y valor. Quizá todo lo que nos asusta no sea, en su profunda esencia, sino alguien indefenso que solo ansía nuestro amor. (Rilke, 2001, p.31, trad. propia).

Un héroe que no comprende ni reconoce la bendición ni el poder que tiene por gracia de los dioses, sufrirá eternamente buscando fuera de él, en el Mundo Ordinario la magia que perdió en su vida 'ordinaria'.

La recompensa

Después de haber superado estas pruebas, el héroe halla la recompensa del viaje. Puede ser el Grial o el tesoro, aquello que tan afanosamente buscaba. Es el don de la vida, que le es dado luego de la larga noche oscura y de las numerosas pruebas que ha enfrentado.

Si hablamos de las enseñanzas *shambhala*, su premisa es que primero necesitamos descubrir qué es lo que vamos a ofrecer al mundo, y para ello empezamos por examinar nuestra propia vida y experiencia, y ver, a partir de allí, su valor y cómo lo usamos para ayudar a otros, inspirarlos y elevar su existencia.

Así emprende el regreso a casa, el regreso a Ítaca. La meta del viaje ha sido alcanzada. El héroe ha superado todos los peligros y las pruebas, incluida su muerte, y recibe su recompensa. Ha descubierto su lugar en el mundo, su verdadero poder y ha cambiado la conciencia de sí mismo. Es el momento de regresar.

7.3 El regreso

El héroe inicia su retorno al Mundo Ordinario. Es una decisión que puede o no tomar, pues podría elegir quedarse en el Mundo Extraordinario, como muchos santones lo han hecho. Si decide volver, lo hará con los nuevos valores aprendidos en el Mundo Mágico.

Para esta tercera gran etapa del viaje, Campbell nos entrega seis posibilidades: 1) "La negativa al regreso"; 2) "La huida mágica"; 3) "El rescate del mundo exterior"; 4) "El cruce del umbral del regreso" o la vuelta al mundo normal; 5) "La posesión de los dos mundos"; y 6) "Libertad para vivir" (Campbell, 1999).

Cuando el héroe ha logrado la victoria final, ha llegado el momento de regresar...

con su trofeo transmutador de la vida. El ciclo completo, la norma del *monomito*, requiere que el héroe empiece ahora la labor de traer los misterios de la sabiduría, el Vellocino de Oro, o su princesa dormida al reino de la humanidad, donde la dádiva habrá de significar la renovación de la comunidad, de la nación, del planeta o de los diez mil mundos (Campbell, 1999, p. 179).

Y agrega:

Prometeo ascendió a los cielos, robó el fuego de los dioses y descendió. Jasón navegó a través de las rocas que chocaban para entrar al mar de las maravillas, engañó al dragón que guardaba el Vellocino de Oro y regresó con el vellocino y el poder para disputar a un usurpador el trono que había heredado. Eneas bajó al fondo del mundo, cruzó el temible río de los muertos, entretuvo con comida al Cancerbero, guardián de tres cabezas, y pudo hablar, finalmente, con la sombra de su padre muerto. Todas las cosas le fueron reveladas: el destino de las almas, el destino de Roma, que estaba a punto de fundar, y de qué manera podría evitar o soportar todas las aflicciones. Volvió al mundo a través de una puerta de marfil a realizar sus deberes (Campbell, 1999, pp. 35-36).

Esta etapa es relevante; no se trata de volver cambiado y con la recompensa en las manos. Volver al mundo, al mercado, como dice Osho, es parte del camino, es una etapa del viaje. Volver a ensuciarse las manos y vivir la vida 'normal' puede ser un desafío aún mucho mayor que todo lo ya recorrido.

118

La negativa al regreso

Si el trabajo final es el del regreso, entonces es el momento de una segunda llamada, la de volver al Mundo Ordinario, y que nos lleva a cruzar un tercer umbral. En este umbral de retorno, las fuerzas mágicas deben permanecer atrás; el héroe deja el Mundo Mágico y vuelve a emerger al reino de la congoja, y el bien que trae restaura al mundo.

También puede ocurrir que el héroe se niegue a retornar: está cansado o está maravillado con este nuevo estado. Así como podemos negarnos a aceptar el llamado, también podemos negarnos a regresar.

> ... esta responsabilidad ha sido frecuentemente rechazada. Aun el Buddha después de su triunfo dudó de si el mensaje de realización podía ser comunicado, y se dice que varios santos han muerto mientras se encontraban sumidos en un éxtasis sobrenatural. Son numerosos los héroes que, según la fábula, han permanecido para siempre en la isla bendita, en compañía de la eterna Diosa del Ser Inmortal (Campbell, 1999, p. 179).

Después de haber realizado verdades tan relevantes, y que se ha llegado a un estado de conciencia más elevado, es posible que lo último que pueda querer el héroe es volver al mundo ordinario. En ese momento es fácil que se produzca el rechazo al regreso o al segundo llamado. ¿Cómo conciliar los dos mundos que se ven como tan contrarios?

De todas formas, el héroe podría, sí, regresar físicamente, aunque su corazón siga en el Mundo Mágico. Vivirá por siempre dividido y, en realidad, sin haber completado el camino. Nunca habrá regresado al mercado para compartir con su gente. Podrá vivir sin relacionarse verdaderamente, porque no están a su nivel, y sin interesarse por lo que ocurre en el mundo. Seguramente vivirá apartado, sin compartir el elixir por el que tanto luchó.

El camino de regreso

Si el héroe decide regresar, emprende el camino de regreso y se enfrentará a nuevos desafíos. Es el momento de reconciliarse consigo mismo, con la vida que llevó tanto tiempo – la que hoy, ciertamente, le parece banal o insulsa–, con todo lo que dejó atrás; perdonar a quienes le dañaron y –por, sobre todo– encontrar una nueva manera de vivir su vida; los festejos durarán solo un tiempo.

La huida mágica

Para poder regresar hay veces que el héroe debe escapar con el elixir, ya que es un bien muy preciado de los dioses. De modo que esta huida podrá ser otra gran aventura más, pudiendo tener otra vez ayuda sobrenatural.

Si el héroe en su triunfo gana la bendición de la diosa o del dios y luego es explícitamente comisionado a regresar al mundo con algún elixir para la restauración de la sociedad, el último estadio de su aventura está apoyado por todas las fuerzas de su patrono sobrenatural. Por otra parte, si el trofeo ha sido obtenido a pesar de la oposición de su guardián, o si el deseo del héroe de regresar al mundo ha sido resentido por los dioses o los demonios, el último estadio del círculo mitológico se convierte en una persecución agitada y a menudo cómica. Esta fuga puede complicarse con milagrosos obstáculos y evasiones mágicas (Campbell, 1999, p. 182).

El rescate del mundo exterior

Otra posibilidad es que el héroe necesite ayuda del Mundo Ordinario para regresar. Si necesitó ayuda sobrenatural para iniciar su viaje y cruzar el primer Umbral, puede necesitar de la ayuda de seres de este Mundo Ordinario para regresar.

Pudiera ser que el héroe necesitara ser asistido por el mundo exterior al regreso de su aventura sobrenatural. En otras palabras, pudiera darse el caso de que el mundo tuviera que venir y rescatarlo. Porque la felicidad de las moradas profundas no ha de ser abandonada con ligereza, en favor de la dispersión del yo que prima en el individuo cuando está despierto… Sin embargo, en tanto que vive, la vida lo llama (Campbell, 1999, p. 191).

El cruce del umbral del regreso

Sanado, renovado el héroe, regresa a su tierra y a su hogar, cruzando por tercera vez un umbral; y para completar su aventura y cerrar el ciclo, debe sobrevivir al impacto del mundo ordinario que dejó tiempo atrás. Este punto es interesante y puede ser contradictorio. Para volver, el héroe debe cruzar el umbral que lo devuelve al mundo de la congoja y del dolor, al mundo de las sombras. Parece razonable preguntarse, ¿para qué tanto trabajo y lucha?

Esto nos trae a la crisis final de todo, ante la cual la excursión milagrosa no ha sido sino un preludio, la crisis de la suprema y paradójica dificultad del cruce del umbral al regreso del héroe del reino místico a la tierra de la vida diaria (...) [requiere que el elegido tenga] que volver a entrar con su don a la hace tiempo olvidada atmósfera de los hombres que son fracciones e imaginan ser completos. Todavía debe enfrentarse a la sociedad con su elíxir que destroza el ego y redime la vida y soportar el golpe de respuesta de las dudas razonables de los duros resentimientos y de la incapacidad de las buenas gentes para comprender (Campbell, 1999, p. 200).

De vuelta, el desafío del héroe será compartir su elíxir con su comunidad.

¿Cómo enseñar de nuevo, sin embargo, lo que ha sido enseñado correctamente y aprendido incorrectamente mil y mil veces a través de varios milenios de tontería prudente en la especie humana? Ésa es la última y difícil labor del héroe. ¿Cómo dar en el lenguaje del mundo de la luz, los mensajes que vienen de las profundidades y que desafían la palabra? ¿Cómo representar en una superficie de dos dimensiones una forma tridimensional, o en una imagen tridimensional un significado multidimensional? ¿Cómo transcribir en términos de "sí" y "no" revelaciones que convierten en contrasentido cualquier intento de definir las parejas de contrarios? ¿Cómo comunicarse con personas que insisten en encontrar en la exclusiva evidencia de sus sentidos el mensaje del vacío omnigenerador? (Campbell, 1999, p. 201).

El héroe es libre para vivir, para escoger, para realizar. El héroe decide no permanecer en la tierra de los milagros; ha de regresar al "mundo real". Deja los poderes mágicos detrás, llevándose solo el nuevo conocimiento y regresa a su comunidad para compartir su don, su aprendizaje. Ha completado su viaje, su Camino, encontrando un nuevo equilibrio en su vida.

La posesión de los dos mundos

> ... ya no puede evitarse el trabajo de representar la eternidad en el tiempo y de percibir en el tiempo la eternidad (Campbell, 1999, p. 202).

Jean Houston señala que hay dos trabajos que todo héroe y heroína deben realizar. El primero, es separarse del Mundo Ordinario para encontrar los medios de alcanzar la Fuente. El segundo, es volver a la vida de todos los días, trayendo de vuelta el conocimiento obtenido desde las profundidades y usarlo para redimir a la sociedad (Houston, 2009).

La libertad para atravesar en ambos sentidos la división de los mundos, desde la perspectiva de las apariciones del tiempo a aquella de la causalidad profunda, y a la inversa, sin contaminar los principios de la una con los de la otra, pero permitiendo a la mente conocer a la una por virtud de la otra, es el talento del maestro (Campbell, 1999, p. 210).

Aquí agregaría una pequeña gran distinción: no es posible contaminar la realidad acausal o atemporal con las cualidades de lo temporal. El Maestro sí puede ir de un mundo a otro con entera libertad —es su gran talento. El Maestro vuelve de la acausalidad profunda, profundamente renovado, de modo que su realidad causal y temporal se ve profundamente renovada (sic). Es la realidad temporal y causal la que se "contamina" con la atemporal y acausal, de modo que el valor de lo trascendente, intemporal y acausal se vaya cada vez asentando o manifestando en lo manifiesto o temporal. Es ir trayendo o bajando cada vez un poco el cielo a la tierra, como dice Maharishi Mahesh Yogi.

¿Y qué otro sentido podría tener este viaje, este atravesar la división una y otra vez? Que en algún momento la "división" deje de existir, que el valor total de lo trascendente se manifieste en la tierra. De hecho, la división no existe, nunca ha existido, es nuestra ilusión (Maya). Y a quien ha logrado esa proeza lo llamamos Maestro, con mayúsculas, para honrarlo, de lo cual seguramente se burlaría… y si no lo hiciese… no sería un Maestro.

¿Y qué si algún santo decide quedarse por las alturas incontaminadas trascendentes? Que le aproveche. Pero me atrevo a decir que nuestra misión es aquí en esta Tierra haciendo realidad día a día esta "revalorización" de lo temporal, que ocurre en los mercados, en las calles, en la danza y en el encuentro con el otro.

Es el momento en que el gran dios Krishna se revela tal y como es a Arjuna, y el héroe conoce la vida en toda su expresión: en su forma divina y humana. De la misma manera Zaratustra inició su viaje abandonando el lago de su patria para marchar a las montañas, donde por diez años gozó de su espíritu y de su soledad, solo acompañado de su águila y su serpiente. Un día su corazón se transformó y se hastió de su sabiduría como la abeja que ha recogido demasiada miel, sintiendo la necesidad de regalar y repartir su sabiduría. Decide entonces bajar a las profundidades, hundiéndose en su ocaso para llevar su luz a los hombres. Pide así al sol que bendiga la copa que quiere desbordarse, para que de ella fluya el agua de oro llevando a todas partes el resplandor de sus delicias. Así, Zaratustra decide volver a hacerse hombre.

Reconocido el mundo interior y el exterior, solo queda vivir. Vivir con plenitud y pasión en la danza infinita de Shiva, creando y destruyendo y recreando nuestras vidas: señor de los dos mundos. "Para conocerte debes sentarte quieto, esperar y meditar, pero para ser tú mismo debes actuar" (Keen, 1999, p. 173).

Los dos mundos, el divino y el humano, sólo pueden ser descritos como distintos uno del otro: distintos como la vida y la muerte, como el día de la noche. El héroe se aventura lejos de la tierra que conocemos para internarse en la oscuridad (…) y su regreso es descrito como un regreso de esa zona alejada. Sin embargo, y ésta es la gran clave para la comprensión del mito y del símbolo, *los dos reinados son en realidad uno. El reino de los dioses es una dimensión olvidada del mundo que conocemos.* Y la exploración de esa dimensión, ya sea en forma voluntaria o involuntaria, encierra todo el sentido de la hazaña del héroe. Los valores y las distinciones que en la vida normal parecen de importancia desaparecen con la tremenda asimilación del yo en lo que anteriormente era mera otredad (…). Pero el alma del héroe avanza valientemente y descubre que las brujas se convierten en diosas y los dragones en los guardianes de los dioses (Campbell, 1999, pp. 200-201, resaltado propio).

Libertad para vivir

El héroe es Maestro de los dos Mundos, del Mundo ordinario y del Mundo Mágico, y así se mueve entre ellos como si fuesen uno solo y con eso es libre para vivir. Es Maestro de dos mundos, y puede vivir en el mundo de las sombras y en el de la luz, manteniendo su magia. Esta es la libertad absoluta en la que el héroe se reconcilia con la muerte y, por lo tanto, con la vida. En definitiva, la finalidad del héroe es la reconciliación no sólo consigo mismo, sino con el universo entero.

Así como una persona se desprende de sus ropas viejas y se pone otras nuevas, así el Yo encarnado se desprende de sus cuerpos viejos y entra en otros que son nuevos. Las armas no Lo hieren; el fuego no Lo quema; el agua no Lo moja; el viento no Lo marchita. Este Yo no puede ser herido, ni quemado, ni mojado, ni marchitado. Es eterno, lo penetra todo, no cambia, es inmóvil, el Yo es el mismo para siempre (Campbell, 1999, p. 218).

El héroe regresa a casa con el elixir que es su recompensa y la utiliza para ayudar a todos en su mundo ordinario, que ahora se ha transformado como resultado de su propia transformación durante el viaje. La magia ha quedado atrás, aunque la toma de conciencia y la plenitud que el viaje le ha otorgado le permiten modificar la vida en

124

su mundo ordinario. Se completa así el círculo, lo que un proverbio zen expresa como:

Al comienzo, los árboles eran árboles,
las montañas montañas
y los ríos ríos.
Luego llegó un momento en que los árboles
dejaron de ser árboles,
las montañas dejaron de ser montañas
y los ríos dejaron de ser ríos.
Ahora los árboles son de nuevo árboles,
las montañas vuelven a ser montañas
y los ríos vuelven a ser ríos.
(Foster, 2009, p. 194).

Cuando al maestro sufí Dhu-I-Nun le preguntaron: "¿Cuál es el fin de un místico?", respondió, "cuando él es como él era donde él era antes de ser" (Vaughan-Lee, 2012, p. iv).

Y para ir cerrando este viaje, la historia de un maestro chino. En el siglo XII el maestro zen chino Kakuan tomó ocho pinturas taoístas y volvió a pintarlas, agregando dos más a la serie original. Las pinturas representan el viaje interior. Cuando se inicia un viaje interior se renuncia al mundo exterior y también al mundo interior, que es la mente, porque la mente es la causa del mundo; es la semilla. De esa manera se alcanza el vacío. Pero ¿es ese el fin? Kakuan dice que el vacío no es el fin, que hay que volver al mundo, hay que volver a la plaza del mercado, donde solo entonces se completa el círculo.

Las pinturas muestran la búsqueda del toro, que representa el Eterno Principio en acción. La serie revela los pasos para su realización, donde el hombre recorre su camino muchas veces por el barro, enlodando sus pies y su propia naturaleza.

Cuando se realiza un viaje interior, se abandona el mundo, se renuncia a todo lo que obstaculiza el camino, renuncia a todo lo no esencial para poder buscar y escrutar (...) Se abandona el mundo, se renuncia al mundo; no sólo al mundo, se renuncia a la mente, porque la mente es la

125

causa del mundo en su totalidad. El mundo de los deseos, el mundo de las posesiones, no es más que la parte exterior. La parte interior es la mente…

Se renuncia a lo exterior, se renuncia a lo interior, uno se vuelve vacío; en eso consiste la meditación. Uno se vuelve completamente vacío. Pero ¿es ese el fin? Las pinturas taoístas terminaban con la nada. Kakuan dice que este no es el fin, hay que volver al mundo; hay que volver a la plaza del mercado; sólo entonces se completa el círculo. Evidentemente, uno vuelve totalmente renovado (…) Se vuelve de nuevo al mundo y se vuelve a vivir en el mundo, pero se vive más allá de éste. Una vez más, uno se vuelve normal –corta madera, carga agua del pozo, camina, se sienta, duerme, uno se vuelve completamente normal. En lo más profundo, el vacío permanece incorrupto. Uno vive en el mundo, pero el mundo no está en tu mente, el mundo no está dentro de ti. Uno vive intacto, como una flor de loto…

Estos dos dibujos devuelven al buscador al mundo, y Kakuan ha realizado algo verdaderamente maravilloso. Uno viene al mercado; no sólo eso, sino que vuelve con una botella de vino, borracho –embriagado de lo divino– para ayudar a otros a embriagarse, porque hay muchos que están sedientos, hay muchos que están buscando, hay muchos que están dando tumbos en su camino, hay muchos que están en profunda oscuridad (Osho, 2007, pp. 18-19).

Es así entonces, que una parte importante y definitiva del viaje es el retorno al mundo desde donde el héroe partió, para reencontrarse con los amigos en el mercado y emborracharse de vida y plenitud. El héroe se convierte así en un *bodhisattva*, o mejor aún, en un Zorba. Y cuando eso ocurre en su vida, podrá guiar a algunos a ir más allá de las trivialidades y a encontrarse con el mundo mítico y –aún más que eso– a darse cuenta que el mundo mítico está en el Mundo Ordinario, o que el Mundo Ordinario *es* mítico. Y solo porque es el único mundo que existe.

Los Zorbas entrarán en el paraíso –si hay algún paraíso– porque saben cómo vivir, saben cómo amar. ¡Romperán todas las puertas del paraíso y lo invadirán! No son el tipo de personas que devolverán desde la puerta, diciéndoles que "no están hechos para el paraíso". Ellos harán lo mismo que han estado haciendo aquí –por supuesto, en una escala mayor y más vasta.

El pobre Zorba aquí tiene solo una mujer a quien amar –Bubulina. En el paraíso él no estará satisfecho con una vieja, fea Bubulina. Él encontrará todas las hadas, y no se va a pegar a solo una tampoco (Osho, 1990, p. 290, trad. propia).

Y agrega Huxley:

Cuando la Iluminación es cabal, el Bodhisattva se halla libre de la servidumbre de las cosas, pero no procura ser liberado de las cosas. El Samsara (el mundo del devenir) no es odiado por él, ni amado el Nirvana. Cuando brilla la iluminación perfecta, no es servidumbre ni liberación (Prunabuddha-sutra, cit. por Huxley, 1949, p. 96).

Y así, Zorba el Buda aparece...

8. El verdadero viaje es un viaje interior

Los héroes emprenden viajes, enfrentan dragones y descubren el tesoro de su verdadera identidad. (Pearson, 1995, p. 27)

Lo espiritual aparece en la psique como un instinto, incluso como verdadera pasión. No es un derivado de otro instinto, sino un principio sui generis. (Jung, cit. por Cirlot, 1992, p. 27)

Los héroes y heroínas emprenderán un viaje para rescatar una princesa, escalar una alta montaña, enfrentar llameantes dragones, cruzar infinitos mares, derrotar demonios, solo para descubrir, primero su identidad, y luego su alma. Dos etapas del viaje, como señala Cirlot:

Desde el punto de vista espiritual, el viaje no es nunca la mera traslación en el espacio, sino la tensión de búsqueda y de cambio que determina el movimiento y la experiencia que se deriva del mismo. En consecuencia, estudiar, investigar, buscar, vivir intensamente lo nuevo y profundo son modalidades de viajar o, si se quiere, equivalentes espirituales del viaje. Los héroes son siempre viajeros, es decir, inquietos. El viajar es una imagen de aspiración –dice Jung–, del anhelo nunca saciado, que en parte alguna encuentra su objeto. Señala luego dicho autor que ese objeto es el hallazgo de la madre perdida (…). Inversamente, pudiéramos decir que el viaje es una huida de la madre (…). Pero el verdadero viaje no es nunca una huida ni un sometimiento, es evolución. Por ello dice Guénon que las pruebas iniciáticas toman con frecuencia la forma de "viajes simbólicos", representando una búsqueda que va de las tinieblas del mundo profano (o del inconsciente, madre) a la luz. Las pruebas –y las etapas del viaje– son ritos de purificación (…). En el sentido más primario, viajar es buscar.
(…) el viaje a los infiernos simboliza el descenso al inconsciente, la toma de conciencia de todas las posibilidades del ser, en lo cósmico y en lo psicológico, necesaria para poder llegar a las cimas paradisíacas… (Cirlot, 1992 pp. 459-460).

De modo que el desplazarse físicamente de un lugar a otro no es más que algo anecdótico; el verdadero "viaje" ocurre en nuestro interior. Y el "viaje" puede tomar muchas formas: escribir un libro, entablar una relación, iniciar un nuevo negocio o un nuevo trabajo, reunirse a conversar con amigos, caminar por las calles vacías en una noche de otoño, irse de vacaciones, seguir el camino de Santiago, e, incluso, tomar el tren subterráneo para ir un lunes a la oficina.

El camino del héroe es un viaje para ir tras un tesoro, superando difíciles pruebas, retos y dificultades. Y, por, sobre todo, recorrer un camino que tiene un significado en nuestras vidas. Es un camino que aparece como un logro a conseguir, un sueño a vivir, un anhelo a cumplir, un desafío a vencer. Es un proceso en el que adquirimos nuevas habilidades, terminamos más sabios, más confiados, transformados, y con una profunda sensación de conexión con nuestro ser trascendente.

El viaje interior es sobre descubrir nuestra divinidad, y que ser dioses nos otorga el derecho y la responsabilidad de la libertad, por la que tantas guerras se han luchado.

El viaje del héroe es aquel que nos lleva desde un camino cualquiera, a un camino –como dice don Juan– con corazón:

Para mí solo recorrer los caminos que tienen corazón, cualquier camino que tenga corazón. Por allí yo recorro, y la única prueba que vale es atravesar todo su largo. Y por allí yo recorro, mirando, mirando, sin aliento (Castaneda, 1974, p. 182).

Se trata del camino para aprender a aceptar nuestro valor, reconocer nuestro lugar en este universo, nuestro significado. ¿Y cómo podrías no aceptar tu valor? Aceptando día a día a ser humillado, descalificado, mal amado, teniendo que estar continuamente luchando por ganarnos el amor de nuestros seres queridos, sintiéndonos juzgados, evaluados, comparados –en fin–, aceptado o rechazado.

Jean Houston nos habla de la "pequeña" y "gran" historia. La pequeña historia se refiere a nuestra lucha, a las múltiples contingencias, batallas, desafíos de todos los días. Al Mundo Ordinario de Campbell. La gran historia corresponde a nuestra búsqueda de sentido, de trascendencia. Es

130

la historia que se da cuando el héroe es enfrentado con su mortalidad y descubre su divinidad. Es la historia que se da cuando el héroe acepta el desafío, cuando da el paso, cruzando el umbral de la cotidianeidad para dar significado a su vida. Nuestra gran historia comienza cuando en algún momento de nuestras vidas nos vemos enfrentados con hechos esenciales que nos obligan a redefinir nuestra vida por completo.

Ser heroico es inherente a nuestra naturaleza, es repetir una y otra vez el proceso de crecimiento y desarrollo de la humanidad completa, que se inicia en nuestras vidas desde el momento mismo de nuestra concepción, y que trae a cuestas la información de toda la humanidad. Y quizás mucho más. ¿Qué información podría no contener si – como nos dijeron de niños– realmente fuimos hechos *a la imagen y semejanza de dios*? Si eso es cierto, ninguna; o ninguna realmente relevante.

Y este proceso será un círculo, que se abre con el llamado y se cierra al retorno con el elixir. Y a lo largo de nuestras vidas habrá más que un círculo, en un ciclo que se parece más a una espiral, pues serán muchas aventuras o viajes que se irán sucediendo, para ir regresando transformados, transformación que será la base del nuevo viaje. Cada vuelta traerá dolor y lágrimas, y nuevas fuerzas y conocimiento para llegar al enfrentamiento supremo. El viaje durará tanto como nuestro proceso lo requiera, y su intensidad dependerá del grado de purificación necesario. Iremos cada vez más profundo, o más alto, en la medida que estemos preparados.

¿Aceptaremos el desafío o nos quedaremos en las tibias aguas de la comodidad, del mundo ordinario, rechazándolo? El Zaratustra es duro:

Huís hacia el prójimo escapando de vosotros mismos.
Nadie ha dicho esto antes y nadie lo ha dicho con el mismo énfasis después de él. Y es una verdad tal que, una vez que lo hayas entendido, verás qué ciegos somos. No somos ni siquiera conscientes de lo que estamos haciendo o por qué lo estamos haciendo.

Huís hacia el prójimo escapando de vosotros mismos.
No es por el amor a tu prójimo, es sólo por el vacío de ti mismo, quieres de alguna manera permanecer ocupado, porque estar solo, sin preocupaciones, sin compromiso (...) un gran miedo a la propia soledad, un gran miedo al propio vacío, un gran miedo a la propia oscuridad y, finalmente, el miedo esencial a la muerte, presiona todo. Para obviar todo esto uno tiene que evitar volver a casa, mantenerse ocupado, no importa en qué.
Ve hacia tu prójimo, cásate. Quieres hijos, quieres amigos, pero, ¿has observado? Es sólo estar ocupado para, de alguna manera, evitarte a ti mismo; para no entrar en contacto contigo mismo. Entonces haz cualquier estupidez, ve al cine, ve a escuchar un sermón a la iglesia, ve al circo, a algún restaurante, pero mantente ocupado desde la mañana hasta que te vayas a acostar. Y mientras duermes también mantente ocupado con tus sueños. Nunca dejes un espacio en donde puedas enfrentarte a ti mismo. Y enfrentarte a ti mismo es la esencia de la meditación (Osho, 2000, p. 197).

Y este viaje interior puede tomar muchas formas o podemos describirlo de muchas maneras. Ralph Metzner señala que las experiencias de transformación de la conciencia han sido siempre expresadas y relatadas mediante metáforas que describen los posibles procesos de transformación por los que pasa una persona, de modo que son diferentes maneras de expresar o vivir el proceso de transformación. Identifica diez de ellas y las llama "las metáforas de la tradición sagrada" y que son las siguientes:

1. Despertando del sueño de la realidad (desde el sueño profundo al despertar).
2. Descubriendo los velos de la ilusión (desde la ilusión a la realización).
3. Del cautiverio a la liberación.
4. La purificación a través del fuego interior.
5. De la oscuridad a la luz.
6. De la fragmentación a la integración o a la totalidad.
7. Viaje al lugar de la visión y el poder (de estar en un viaje y llegar al destino), metáfora que corresponde al viaje del héroe.
8. Volver al origen (desde el exilio al hogar).
9. Desde la muerte al renacer.
10. Desarrollando el árbol de nuestra vida (desde una semilla a un árbol floreciente)
(Metzner, 2006).

Posteriormente, Metzner también indicaría como metáfora al paso desde la separación a la unidad, como algo semejante al proceso de ir de la fragmentación a la totalidad. Y señala que, de todas ellas,

Morir y renacer es la metáfora para la transformación más radical y total que la consciencia e identidad pueden experimentar (...) Cuando nuestra autoimagen, o auto concepto, el sentido de identidad con el cual (y como el que) hemos vivido, llega a su fin, entonces sentimos como si el ego o el Yo estuviesen muriendo. El patrón de esta metáfora es: todo lo que llamo "Yo" está acabado y muriéndose; entonces, después de un período de ansiedad, confusión e incertidumbre, viene el "renacimiento" de una nueva identidad, un nuevo sentido de quién "Yo" soy. La transformación implica todos los aspectos de la psique, porque supone el principio organizador central de la individualidad. El nuevo Yo que nace es, naturalmente, de una naturaleza inocente y lleno de la alegría, la maravilla y la espontaneidad de la infancia (Metzner, 2006, pp. 232-233).

Por su parte, Jung habló de *la sombra* para referirse a los aspectos de nuestra personalidad que están ocultos o inconcientes al ser rechazados o negados. Son las emociones, conductas que no aceptamos, de las que sentimos vergüenza y no estamos dispuestos a reconocer en nosotros mismos, y que, por supuesto, están presentes en el resto de las personas: la rabia, el orgullo, el odio. Un grupo interesante lo constituyen los llamados siete pecados capitales: la lujuria, la pereza, la gula, la ira, la envidia, la avaricia y la soberbia; los celos, la mentira, la vergüenza. La *sombra*, entonces, son las partes escondidas de nuestra personalidad, enseñados a dejarla de lado, a esconderla, y a solo ocuparnos y desarrollar los aspectos "luminosos" o "positivos". ¿Y qué hacer con ella? Mantenerla escondida por siempre… si solo se pudiera, porque una y otra vez, de una u otra manera, ésta asomará la cabeza, pudiéndose transformar en una batalla entre la consciencia y el inconsciente como dos adversarios. Aparecerán lo bueno y lo malo, la luz y la oscuridad, lo correcto y lo incorrecto… como irreconciliables.

Parte de nuestro viaje será encontrarnos con *la sombra*, yendo hacia nuestro interior a buscar y reconocer aquello que hemos escondido o camuflado por tanto tiempo, aquello que ocultamos tras una esa amable sonrisa, tras nuestro personaje social.

En su libro *Cantos del despertar*, Claudio Naranjo se propone explorar el simbolismo del viaje interior continuando con la búsqueda

de un significado interno que explique el monomito, además de mostrar que las etapas en el viaje del héroe corresponden, precisamente, a las del 'viaje interior' de cualquier individuo en el curso de su evolución psicoespiritual (Naranjo, 2014, p. 26).

Distingue dos aventuras sucesivas, separadas por un momento de desolación, y no un ir y regresar, como lo describen Rank y Campbell, sino dos viajes que constituyen en realidad dos etapas en el camino del héroe. En el primero, todo fluye con cierta facilidad para el héroe: toma un primer contacto con el mundo encantado, su esencia o espíritu, logrando regresar de tal mundo con un regalo. En la segunda aventura tendrá pruebas más importantes, quizás un encuentro con la muerte o un paso a través de la muerte, para culminar en un estado interno de plenitud y unificación.

De modo que, si entendemos el viaje como lo plantea Naranjo, podemos referirnos entonces a dos grandes etapas o viajes de nuestra vida, relativos a la transformación psicoespiritual: el primer viaje correspondería a la etapa dedicada el reino exterior, al mundo exterior de la expansión, o, si se quiere usar la expresión de Jung, a nuestra "función exterior"; es el viaje solar. Esto es, el de la conquista del mundo exterior, llena de batallas, dragones y princesas (los logros materiales, el amor, la familia y los hijos); aquella donde el héroe –siguiendo a Raglan– culmina su viaje con su ascensión al trono y el principesco matrimonio.

Después de un momento de paz y alegría, algo como el famoso "Y vivieron felices para siempre", se inicia un segundo viaje: el viaje interior o viaje lunar de contracción. Y el viaje parece iniciarse en ese momento en que se pierde el favor de los dioses y el héroe es expulsado de su territorio para entrar en un territorio oscuro, en la tierra baldía. Es en ese viaje donde saldremos en búsqueda de las grandes respuestas, aquellas que no están ya en el mundo exterior, sino, en nuestro interior. Ahora las batallas serán internas, los dragones, personales, y las princesas, de luz –es la búsqueda de la realización espiritual. Y refiriéndose a la sabiduría que podemos encontrar en los cuentos, Naranjo nos señala:

Me parece que este y otros cuentos similares hablan de dos diferentes etapas en la vida individual del que emprende una búsqueda espiritual: primero viene el momento de dejar atrás el mundo para embarcarse a explorar lo desconocido, con aventuras, pruebas y victorias, hasta conseguir un beneficio espiritual. Pero, después de que el héroe quizás luego de vencer a un ser monstruoso para liberar a la princesa ha escalado la montaña de su ser hasta su cima y plantado la bandera que representa su conquista, aún le queda otro viaje por hacer, pues regresar al mundo no es tan sencillo como parece (y los mitos están de acuerdo con esto). Le queda una aventura no menos heroica ahora: unir la brecha entre el mundo mágico (de su primera aventura) y el mundo ordinario, al cual debe regresar como mensajero de experiencia, inspiración y guía. Regresar, entonces, no es el breve final que el lector podrá imaginar después de los grandes hechos de heroísmo de la primera etapa. Luego de que el típico héroe ha dado muerte al dragón y ha liberado a la princesa, aún le resta un largo y penoso viaje de regreso a casa… (Naranjo, 2014, p. 33).

Y por *regreso a casa* estamos entendiendo la segunda parte del viaje, el viaje lunar, el viaje interior.

Siendo Moisés uno de los grandes héroes de nuestra tradición occidental, el patrón del Éxodo sería el del viaje monomítico, con solo una importante variación: el héroe no es un individuo único sino todo un pueblo. Y la…

historia no trata acerca de la naturaleza, ni de las experiencias de la infancia, ni tampoco del inconsciente colectivo de todos los hombres. Todos estarán de acuerdo en que esta historia contiene una enseñanza en lo concerniente al proceso de maduración individual en el camino místico... (Naranjo, 2014, p. 26).

Y, si seguimos a Naranjo, no hablaremos ya de las etapas del viaje, sino de los estados del viaje interior, al ser, este aparente viaje por territorios del mundo, no otra cosa más que la representación o metáfora de este viaje interior.

Así, todas las tradiciones culturales y religiosas tienen como el anhelo más profundo del alma humana, el retornar a su fuente primordial en un viaje espiritual. Se trata de un tema común a estas tradiciones, que está presente en nuestro universo interior, común a toda la humanidad. Y cuando tomamos consciencia de que nuestro viaje no es cualquier viaje, sino a lo más profundo de nuestro interior, a los tiempos inmemorables de la consciencia, parece que aflora de lo más profundo de "las honduras del inconciente" un viaje arquetípico; y nuestro viaje se deviene en sagrado.

Así, el viaje del héroe deviene en un viaje conectado con una tradición mística, de modo que sus diferentes etapas corresponden a acciones y vivencias entretejidas a partir de profundas realidades que nos confieren el ser seres humanos. Más en profundo, lo que nos conecta en el nivel que llamamos de los *arquetipos del alma*, son realidades, anhelos, búsquedas, temores, ansias, luchas, deseos, miedos y realizaciones cuyas imágenes corresponden a toda la humanidad desde tiempos inmemorables y que hemos traído desde nuestra creación con nosotros.

Y en este nivel, nuestros actos y todo lo que "sucede" en el mundo no son hechos aislados, sino que tienen un profundo sentido: cada suceso "externo" tiene su correspondiente acontecer psíquico "interior". De esta manera las "cosas que nos pasan" son simbólicas y adquieren, por tanto, sentido. De esta manera, la salida del sol, las fases de la luna, las estaciones, el día y la noche, además de los sucesos "externos" a nosotros, incluidos el trabajo, el moverme de un sitio a otro cada mañana y tarde, el alimentarme, el amar, son al mismo tiempo aconteceres psíquicos y, digamos, místicos.

Si el viaje exterior no es más que el símbolo del viaje del alma, el viaje interior es el viaje a la Fuente. Según Juan Eduardo Cirlot este símbolo tiene vida propia y dinamismo: nada es indiferente, de modo que todo expresa algo y, además, todo es significativo. Ninguna forma de realidad es independiente, por lo que todo se relaciona de algún modo con el resto (Cirlot, 1992). Y un aspecto relevante y una "función esencial de lo simbólico es penetrar en lo desconocido y establecer, paradójicamente, la comunicación con lo incomunicable" (Cirlot, 1992, p. 37). Los símbolos se refieren al lenguaje de "imágenes y de emociones que habla de las verdades trascendentes exteriores al hombre (orden cósmico) e interiores (pensamiento, orden moral, evolución anímica, destino del alma)" (Cirlot, 1992, p. 30).

Por ello señala Rene Guénon: "El verdadero fundamento del simbolismo es, como ya hemos dicho, la correspondencia que liga entre sí todos los órdenes de la realidad, ligándolos unos a otros y que se extiende, por consiguiente, desde el orden natural tomado en su conjunto, al orden sobrenatural"... (Cit. por Cirlot, 1992, p. 30).

Podemos atribuir, entonces, al símbolo la misión de ser un puente, de abolir los límites entre una y otra realidad, para integrarla en una sola, lo que en realidad nunca ha dejado de ser, solo que en algún momento nos perdimos y empezamos a pensar que eran metáforas o algo así como lenguaje poético. De modo que, en palabras de Mircea Eliade...

si el todo está contenido en cada fragmento significativo (...) porque todo fragmento significativo repite el todo. Un árbol se convierte en sagrado, sin dejar de ser árbol, en virtud del poder que manifiesta, y si se convierte en árbol cósmico es porque lo que manifiesta repite punto por punto lo que manifiesta el cosmos. (Eliade, 1974, p.44)

Y agrega Cirolt:

Según la *Tabula Smaragdina*, el triple principio de la analogía entre el mundo exterior y el interior consiste en: la unidad de la fuente o del origen de ambos mundos; el influjo del mundo psíquico sobre el mundo físico; y el del mundo material sobre el espiritual. Pero la analogía no solo consiste en esa relación entre lo interior y lo exterior. [Esta analogía puede darse en el proceso] de la creación, que las teogonías orientales expresan como una multiplicación progresiva que es, en realidad, una división, pues todo proviene de lo uno, tiene su manifestación analógica en el mito del descuartizamiento de Osiris en Egipto, de Prajapati en la India, de Dionisio en Grecia. Como ejemplo de analogía formal o semejanza citaremos cuatro símbolos del centro: la Rueda de las Transformaciones hindú, con un espacio central vacío o animado solo con el símbolo o la imagen de la deidad; el disco de jade chino, Pi, con un agujero en el centro; la idea del cielo agujereado por la estrella Potar, como camino del mundo espaciotemporal al carente de esas constricciones. Finalmente, en Occidente, la Tabla Redonda con el santo Grial en medio. Vemos que en tan diferentes objetos se repite, obsesivamente diríamos, la imagen de una dualidad: centro contra entorno circundante como doble imagen del origen inefable y del universo de la manifestación (Cirlot, 1992, pp. 35-36).

En este sentido un gran aporte de Campbell y Jung es haberse percatado de que este viaje es, en realidad, un recorrido simbólico por el interior del alma humana.

Los símbolos, desde el punto de vista de Jung apuntan a lo desconocido; uno podría incluso decir, a lo que es incognoscible por el conocimiento racional. El inconsciente le habla a la conciencia en símbolos y analogías; el inconsciente colectivo, el antiguo almacén de la sabiduría acumulada de la raza humana, le habla a la consciencia personal en historias y parábolas; el Ser Superior le habla al ser del ego-personalidad en el lenguaje del mito y la metáfora. El gran Espíritu, o Atman, tiene acceso al profundo estrato de nuestra psique donde puede despertar las dormidas memorias de lejanas y pasadas experiencias; y estando más allá del tiempo, nos puede mandar mensajes del futuro, visiones de nuestras lejanas y pasadas vidas, e incluso visiones de caminos probables y alternativos no tomados… (Metzner, 1980, p. 49, trad. propia).

El símbolo y el mito pertenecen a lo no racional, a la dimensión de nuestra vida espiritual, y por eso tienen la particularidad de poder revelar los aspectos más profundos de nuestra existencia, aquellos que desafían nuestro conocer como usualmente lo entendemos.

Si aceptamos esto, entonces no son divagaciones ni extravíos de la psique; por el contrario, revelan los aspectos más esenciales de nuestra existencia, la esencia secreta del Ser. Quizás su mensaje o revelación necesite de nuestro silencio e introspección, de aquel silencio que requiere el alma para expresarse y develarse. Cuando vivimos esta experiencia podemos decir que hemos recuperado la condición paradisíaca original.

9. El camino del héroe en la literatura, el cine y televisión

Numerosas películas –muchas en trilogías– y obras literarias, siguiendo al *monomito,* describen el camino del héroe. *La Guerra de las Galaxias, Matrix, Batman, El Señor de los Anillos, Avatar, La Flauta Mágica,* por nombrar mis preferidas, son puestas en escena de la misma historia: el viaje interior del ser humano en su propio autodescubrimiento. Incluso una deliciosa gran película como *Doña Flor y sus dos maridos* nos muestra el camino de doña Flor para reconocerse e integrar dos tan distintas facetas de su vida.

Cuentos, novelas e historias infantiles nos entregan la misma "gran historia": *El Patito Feo, Blancanieves, La Cenicienta, Pinocho;* y otras más "adultas" como *Moby Dick, Juan Salvador Gaviota, El caballero de la armadura oxidada.* Otro ejemplo clásico es el camino representado por Dante en *La divina comedia,* donde se nos muestra el paso o viaje de elevación del hombre hacia verdades superiores y trascendentes que pueden permitir a la humanidad alejarse de la miseria y el sufrimiento de esta vida a través del conocimiento de la sabiduría suprema, revelada bajo la mirada divina.

Examinemos ahora algunas historias que conocemos y cómo cada una de ellas representa este viaje del alma en transformación.

9.1 Batman: El caballero de la Noche

Las películas de Batman, *Batman Inicia, El Caballero Oscuro y El Caballero Oscuro: la Leyenda Renace,* forman una gran trilogía donde cada película representa una etapa del viaje del héroe.

Batman Inicia: la caída y la transformación

La tranquila e idílica vida en Ciudad Gótica del joven Bruce se ve quebrada cuando sufre un fuerte trauma al caer dentro de un foso lleno de murciélagos. Luego es testigo del asesinato de sus padres en manos de un asaltante. Tenemos los primeros elementos del camino: la sosegada vida de Bruce se quiebra, el estado de gracia se rompe y el héroe es invitado a cruzar el umbral e ir más allá del miedo. El foso representa su ingreso dentro de lo oscuro y lo misterioso, donde el miedo lo sobrecoge.

Se inicia así su deambular sin destino ni rumbo por el mundo, para, luego de un misterioso encuentro en la cárcel, de salir en busca de una flor azul, y de la ascensión a lo alto de las montañas, Bruce se encuentra con Ra's al Ghul, líder de la Liga de las Sombras, donde es aceptado como discípulo. Ha cruzado el primer umbral, aceptando el desafío de cambiar y darle un sentido a su vida. Aparece el primer maestro, quien lo guiará en su entrenamiento, su camino de superación. Las pruebas se suceden, debiendo enfrentar el miedo y el dolor en manos de su instructor Henri Ducard.

De ser una pobre víctima de las circunstancias, alguien temeroso y lleno de rabia y dolor, Bruce aprende las artes de un samurái, el arte del sigilo y de usar el miedo a su favor, para convertirse en un experto en artes marciales. Cuando su entrenamiento termina, su última prueba consiste en ejecutar a un asesino. Luego vendrá la destrucción de Ciudad Gótica, ya insalvable debido a su completa corrupción. La Liga de Las Sombras, por siglos ha destruido ciudades y pueblos que han sido considerados perdidos en la maldad. Bruce no lo acepta y se enfrenta a Ra's al Ghul, quien muere al caerle encima unos escombros. El templo es destruido por las llamas, pudiendo Bruce salvar a Ducard, su instructor. Ha superado muchas pruebas y es el momento de regresar a su comunidad. Al volver a Ciudad Gótica inicia su cruzada contra la delincuencia y la corrupción. Para ello se esconde dentro de un duro y rígido traje, bajo una doble personalidad: Batman. Se convierte así en un implacable defensor de la justicia.

Se tendrá que enfrentar a un gran villano que amenaza Ciudad Gótica, planeando –mediante una droga puesta en el agua– propagar el miedo en la gente. Tan grande será el pánico colectivo, que se matarán unos a otros. Batman apenas se salva cuando es atacado con ella, gracias a la ayuda de Alfred, su fiel mayordomo. Lucius Fox, científico y leal amigo de Bruce, desarrolla el antídoto, el que administra a Bruce para salvarlo de la locura. Aparecen así otros mentores, Alfred su fiel consejero, y Lucius, quien le proporciona el equipamiento necesario para transformarse en Batman. Estos dos últimos lo ayudarán y protegerán en todo su camino.

Henri Ducart –quien en realidad era Ra's al Ghul– regresa para vengarse, quemando la mansión de Bruce y dándolo por muerto dentro de ella. En realidad, Ra's al Ghul es el villano que está detrás del diabólico plan para destruir Ciudad Gótica.

Bruce es nuevamente rescatado por Alfred, se recupera y enfrenta en la lucha final a Ra's al Ghul, a quien vence, derrotando así el mal y salvando Ciudad Gótica de la destrucción. Supera así su gran prueba al enfrentarse y vencer a su antiguo maestro.

El Caballero Oscuro: aparece la sombra

En la segunda película, *Batman: El Caballero Oscuro*, hace su aparición el Guasón, un nuevo villano, su opuesto complementario, representando el lado oscuro de Batman. Curioso personaje que maneja las emociones de Batman a su antojo. Su personalidad es la de un psicópata aparentemente sin control, pero que en realidad sabe muy bien lo que hace y para qué: poner a Batman bajo su poder, controlando su lado oscuro, es decir, todos sus aspectos reprimidos. Lo obliga a aceptar lo que para él es inaceptable, generándole culpa y vergüenza.

143

El Guasón rompe las reglas, es el catalizador del cambio de Batman, lo saca de su mundo habitual, de cazar pillos comunes y corrientes. Es el villano que crea algo diferente en la historia, llevando a Batman a aceptar el desafío, a vivir sus pruebas y enfrentarse a su lado oscuro.

Batman lucha y sobrevive a sus impulsos de asesinar al Guasón, y a duras penas logra vencerlo. ¿Acaso siente una profunda conexión con su sombra, a la que no puede liquidar? ¿O intuiría que al destruir al Guasón destruiría una parte de sí mismo que no quiere perder? Mal que mal, él también se esconde en el anonimato tras un rígido traje, mientras vive una vida vana jugando al conquistador simplón. Será Rachel, amiga de la infancia de Bruce, quien, al encontrarlo en una fiesta rodeado de mujeres, y después de que él tratara ridículamente de justificarse, diciéndole que en su interior no era así, le suelta una frase suficiente para que Bruce supiera sin duda quien era la mujer de sus sueños: "No es lo que eres en tu interior, es lo que haces lo que te define". Para cazar al Guasón, Batman se alía con el Fiscal Dent y el Comisario Gordon. Pero el villano, conciente de la lucha interna de Batman, les tiende una trampa. Se deja coger y les revela que tiene prisioneros y con explosivos a Dent y a Rachel en lugares distintos. ¿A quién salvará Batman? Gordon va en busca de Dent y Batman de Rachel, y con esto caen en la trampa. El Guasón les da las ubicaciones cambiadas, de modo que Batman no llega al lugar donde está Rachel, sino Dent. Aunque logra salvar a Dent éste se quema el rostro con la explosión. Lamentablemente Gordon no llegará a tiempo, y Rachel muere. Será demasiado para Batman: ha fracasado por completo, tanto en su deseo de cuidar la justicia como en cuidar a su gran amor. Tras encarcelar al Guasón decide retirarse colgando la capa y su máscara.

Este héroe encarna el lado humano más fuerte de Wayne, mientras el lado más débil de Batman es Bruce; su exceso de confianza al experimentar tanto éxito y poder lo lleva a subestimar a su enemigo, y en ese momento es cuando su lado humano flaquea, haciendo que Batman ceda al miedo; su poder como símbolo cae y es en ese momento en que su enemigo le infringe la mayor herida posible, le arrebata a quien él ama. Cuando se creía más fuerte, la pérdida de la mujer que ama le recuerda que aún, como Batman, tiene mucho que perder; bajo la máscara sigue siendo una persona normal y acaba de darse cuenta que debe pagar el precio de llevar una doble vida; para remediar el daño que fue ocasionado en su momento de debilidad y proteger su ciudad, deberá sacrificar la imagen que construyó; el símbolo de justicia que es Batman cae cuando se cree que rompió su única regla; frente a la mirada pública el héroe se corrompió como cualquier otro mortal (Gallo, 2017, p. 29).

Se inicia así para el héroe su viaje a las profundidades, a la ultratumba. No fue capaz de aceptar ni su amor ni sus bajos instintos, dejando que el Guasón lo manejara. Sin duda las emociones, de las cuales se ha protegido desde hace mucho, le juegan una mala pasada.

El Caballero Oscuro: la Leyenda Renace. Experiencia visionaria

> *Bruce: no existe nada ahí afuera para mí.*
> *Alfred: Y ese es el problema. Usted colgó su capa y su máscara, pero no siguió adelante, usted nunca se buscó una vida, encontrar a alguien…*
> *Bruce: Alfred, yo sí encontré a alguien.*
> *Alfred: Lo sé, y la perdió. Pero todo eso es parte de la vida, señor. Pero usted no está viviendo. Usted está solo esperando, deseando que todo empeore nuevamente.*
> (El Caballero Oscuro: la Leyenda Renace).

Ese es el diálogo entre Alfred y Bruce después de que este último llevara ya un buen tiempo encerrado en su mansión, cansado y decepcionado, sin encontrarle una salida a su vida; sin sospechar el nuevo quiebre que el destino le deparaba, esta vez con la aparición de un nuevo villano: Bane. Su deseo de reivindicación lo lleva a enfrentarlo, pero es derrotado; ya no es el de antes –ni la fuerza ni la velocidad lo acompañan. Derrotado, maltrecho y malherido es encerrado en una cárcel ubicada bajo tierra. Será allí donde reconocerá sus pérdidas y miedos.

Bruce ha tocado fondo y vive una nueva crisis. Es el momento de encontrar mentores y maestros, todos presidiarios como él, y, desde el fondo, comenzar un nuevo proceso de transformación. Uno lo guiará, otro lo cuidará y ayudará a sanar su cuerpo y heridas físicas, y el último, lo obligará a enfrentar su propia vulnerabilidad, confrontando su mayor miedo: el miedo a la muerte. Para poder escapar de la cárcel, debe dar un gran salto colgando de una cuerda a objeto de pasar de un muro a otro. Solo una persona lo ha logrado y todos los demás han muerto en el intento. Bruce, confiando en su fuerza y destreza, lo intenta dos veces sin lograrlo, aunque sobrevive. Finalmente escuchará a uno de sus mentores quien le indica que deberá dar el salto sin sostenerse de la cuerda, y que solo así sabrá realmente lo que ese salto significa.

Batman toma consciencia del costo que le ha significado tener dos vidas y de que era la máscara la que le permitía acceder a la fuerza que necesitaba para vivir; sin ella se sentía perdido. Es en la cárcel donde buscará y encontrará esa fuerza para resurgir como alguien nuevo integrando su sombra, es decir, a Batman con Bruce Wayne. No es la capa, ni la máscara, sino su fuerza personal lo que permitirá volver a defender Ciudad Gótica y vivir su propia vida, antes perdida bajo esa doble máscara. Habiendo superado sus dolores y su sombra, Bruce renace como un hombre nuevo y en una prueba suprema se gradúa como héroe: al entregarse, salvándose a sí mismo y a ciudad Gótica, con un acto que emula al de su padre cuando éste sacrifica su vida por salvarlo a él. Una gran historia de transformación interior y de reivindicación llena de simbolismo, que cuenta con los elementos típicos del viaje del héroe: el villano (que representa lo negado, el choque de las polaridades y/o la sombra); los mentores, las pruebas y el regreso.

9.2 La guerra de las Galaxias

La Guerra de las Galaxias es, sin duda, el mito moderno occidental más importante, un icono de nuestra a-mítica era, que refleja algunos arquetípicos por los que atravesamos en nuestras vidas. Contiene el relato de las luchas de poder ocurridas "A long time ago in a galaxy far, far away". La historia, que para muchos no es más que un cuento fruto de la imaginación de Lucas, para otros es parte de la historia real de nuestro universo.

La saga de *La guerra de las galaxias* está compuesta por seis episodios, siendo la segunda trilogía la primera en filmarse y la que creó el gran mito. Básicamente es el viaje de Luke Skywalker ("caminante del cielo") para reconocerse y evolucionar, aunque no solo Luke es el héroe que se transforma, sino también quienes lo acompañan. Han Solo y la princesa Leia y –por supuesto– Darth Vader vivirán importantes cambios. La segunda trilogía cuenta la historia de Anakin Skywalker (el padre de Luke) y de Padmé Amidala, y de cómo Anakin al parecer habría seguido el camino del lado oscuro –engañado por el Canciller Palpatine– esperanzado en salvar a su enamorada princesa de la muerte, o sea, por amor. Un punto curioso, pues al lado oscuro se ingresa por egoísmo y odio, y no por amor.

El mito es mucho más que –una vez más– la eterna lucha entre el "bien" y el "mal" en su mutuo deseo de aniquilar a su oponente. Un "bien" que quisiéramos que prevaleciera, porque es todo paz, amor, felicidad, compresión, inocencia, belleza y lealtad. Y el "mal", que es la oscuridad, el pecado, el miedo, lo perverso, la mentira, el dolor y el sufrimiento. Incapaces de tan siquiera imaginar otra opción, vivimos en un mundo donde existe un eterna e irreconciliable lucha de estas fuerzas. Así, sin matices, están "los buenos" (nosotros, por supuesto) y "los malos" (ellos).

Como comentario me parece interesante encontrar en la mitología india otra posibilidad: la *Trimurta*, con *Bhrama*, *Vishnu* y *Shiva*: un dios creador, otro destructor y otro conservador de todo lo que existe. Los tres coexisten y mantienen el equilibrio de todo el universo, cumpliendo cada uno su función, sin que ninguno pretenda destruir o dominar al otro. Y claro, bajo nuestro paradigma *Shiva* es "malo", pues se encarga de destruir; aunque si pensáramos en la semilla que se rompe para dar paso a la futura planta, o en el pollito destruyendo el huevo con su pico para salir al mundo, o... en nuestra propia bolsa uterina destruida por misteriosas fuerzas momentos antes de asomar nuestra cabeza en este mundo... entonces podríamos empezar a ver la fuerza destructora con otros ojos.

Star Wars contiene más de una historia o viaje; principalmente es la historia del desarrollo espiritual de Luke Skywalker, su camino como héroe, aunque también es la historia de amor de Han y Leia. Las películas de la trilogía original cuentan la historia de Luke Skywalker viviendo cada una de las tres etapas señaladas por Campbell. La *Nueva Esperanza*, corresponde a la partida; *El Imperio Contra-ataca*, a la iniciación; y *El retorno del Jedi*, al regreso con el elixir. Y, además, cada película es una historia donde el héroe transita por los tres niveles o etapas.

Otros aspectos del mito, siguiendo la descripción de Lord Raglan, se dan en los hechos de que Luke es de origen noble, al ser el hijo secreto de la princesa Padmé; además Luke y su hermana Leia son escondidos para que permanezcan alejados del peligroso Darth Vader, su padre, quien los desea encontrar, siendo así salvados de una supuesta muerte. Y Luke, para recuperar su lugar en el cosmos, busca a su padre para enfrentarlo.

En forma resumida la historia y sus etapas ocurren así:

Episodio IV - La Nueva Esperanza

Esta primera película de la trilogía corresponde a la separación o partida, aunque, como ya dijimos, cada película equivale a un viaje de por sí. Luke iniciará su búsqueda espiritual para encontrar y reconocer su poder, salvar la galaxia y redimir a su padre; un viaje con sus tres grandes etapas: la separación, las pruebas y el regreso.

El mundo ordinario: Luke Skywalker es un simple granjero que vive con sus tíos en Tatooine, algo aburrido de su vida y deseando algo más: unirse a la academia mientras el Imperio oprime la Galaxia.

La llamada de la aventura: El Imperio Galáctico controlado por Darth Sidious ha eliminado casi por completo a los rebeldes. Todo se inicia con una batalla entre las fuerzas de la oscuridad (el Imperio Galáctico) y las fuerzas del bien (la Alianza Rebelde). La princesa Leia es la encargada de hacer el llamado a la aventura: antes de ser capturada por Darth Vader envía un mensaje a Obi-Wan Kenobi, un caballero Jedi que vive en Tatooine. El mensaje llega a Luke a través de un Heraldo del Destino –en este caso un simple droide: Arturito (R2D2)–, quien, debido a un desperfecto le mostrará a Luke parte del holograma enviado por la princesa. Así, Luke Skywalker inicia su viaje con este 'llamado a la aventura' que lo llevará a rescatar a la princesa y a salvar la galaxia.

El rechazo de la llamada: En primera instancia Luke rechaza la llamada, pues debe ayudar a su tío con la cosecha. Cuando presiente que su familia está en peligro y regresa a su antiguo hogar, lo encuentra quemado y a su familia asesinada por las fuerzas del Imperio enviadas por Darth Vader a buscar los droides que tenían el mensaje. En ese momento cambia su actitud y decide aprender el camino de la Fuerza e ir en la búsqueda de la princesa. Quizás algo lo llama a enfrentar la maldad del Imperio, quizás algún secreto que han escondido sus padres adoptivos por mucho tiempo: el de sus orígenes.

La ayuda sobrenatural o el encuentro con el mentor: Luke se encuentra con quien será su mentor, Obi-Wan Kenobi, quien primero lo salvará de los Moradores de las Arenas (los Tusken Raiders, un lindo nombre para un grupo *country*) y luego le enseñará a vencer el miedo y a dominar la Fuerza –misterioso poder que mantiene el universo y la

149

vida. Además, le dará como regalo un sable de luz que antes perteneciera a su padre, con lo cual Luke se entera que su padre había sido un gran caballero Jedi. Juntos verán el mensaje completo de la princesa Leia, para enterarse de la existencia de la Estrella de la Muerte. Luke ya no tiene vuelta atrás[3].

El cruce del primer umbral: Saldrán de Tatooine al puesto espacial de Mos Eisley a buscar una nave que los lleve a Alderaan, el hogar de la princesa Leia, y poder así informar de los planes del Imperio a los rebeldes. Entrarán a una cantina llena de sujetos extraños, peligrosos y buscapleitos, donde hace su aparición Han Solo, un contrabandista de baja monta, con su peludo y fiel ayudante Chewbacca. Cuando se inicia una pelea (de cantina por supuesto, como en el futuro y lejano oeste), Obi-Wan no tiene más remedio que sacar su espada y hacer su primera demostración de destreza. En la huida enfrentarán por primera vez a las Tropas de Asalto del Imperio (Stormtroopers) quienes tratarán de impedirle la huida.

Ya en la nave –el legendario Halcón Milenario– Luke hace un esfuerzo para confiar en la vieja chatarra de Han Solo, no quedándole otra alternativa que abandonarse, al momento en que tendrán que superar la barrera de la luz para huir de sus perseguidores, cruzando así el primer umbral.

Mos Eisley es el primer umbral y marca la división entre el mundo conocido y familiar, y el mundo desconocido para el héroe. Luke ha entrado definitivamente en el Mundo Mágico, extraordinario, peligroso, inquietante y emocionante.

El vientre de la ballena: Darth Vader intenta vencer la resistencia de Leia y –al no conseguirlo– destruye Alderaan, el planeta natal de Leia. El Halcón Milenario es capturado

---

[3] Como dato *freak*, la capa de Obi-Wan Kenobi, fue vendida en 80.000 euros hace un tiempo en una subasta realizada en Londres. La mía me costó solo 40 *lucas*.

por la Estrella de la Muerte, logrando Luke, Han y Chewba-cca infiltrarse para rescatar a Leia.

El camino de las pruebas: Una vez que Luke es iniciado en la Fuerza por Obi-Wan, las pruebas se suceden. Una de ellas —por cierto— será volar una vieja nave y batallar contra los cazas imperiales. Se formará con Han Solo una alianza, además de una rivalidad por la princesita. Han Solo no es únicamente un irresponsable aventurero y un pillo oportunista, sino un irresistible conquistador.

La odisea: En la huida Luke, Leia y sus amigos caerán dentro de un compactador de basura. Luke caerá más profundo aún, al ser atrapado por una bestia y arrastrado bajo el agua, para reaparecer unos minutos después cuando la bestia lo suelta. Es el quiebre total entre los Mundos Ordinario y Mágico, es la entrada de lleno en las pruebas a través de la muerte y renacimiento de Luke.

Darth Vader presiente la presencia de la Fuerza y sale en busca de Obi-Wan Kenobi, quien, para dar tiempo a Luke de huir, enfrenta a Vader en un duelo de sables. Cuando Kenobi ve a lo lejos que Luke y sus compañeros están ya a salvo, simplemente deja de defenderse, guarda su sable de luz, y con una enigmática sonrisa entra en un estado contemplativo y se deja matar desmaterializándose después de un impacto de Vader. Darth Vader pisa el ropaje de Obi-Wan tratando de comprender qué ha pasado, al desconocer las posibilidades de la Fuerza más allá de su uso como arma de dominación y destrucción. En la lucha intercambian enigmáticas palabras, dando Obi-Wan Kenobi a Luke una gran lección sobre el dominio y los misterios de la Fuerza al hacerse uno con ella:

Vader: Tus poderes son débiles, viejo.
Obi-Wan: No puedes ganar, Darth. Si me matas ahora me volveré más poderoso de lo que puedas imaginar.

La recompensa: Luke rescata a la princesa Leia y consigue los planos de la Estrella de la Muerte, debiendo ahora regresar a su base.

El regreso: El Halcón huye hasta la base rebelde con los planos robados que muestran un punto vulnerable en la Estrella de la Muerte. Darth Vader se apronta a destruir la base rebelde usando el poder de la Estrella de la Muerte. Luke lidera el ataque de las naves rebeldes para destruir la Estrella de la Muerte, mientras Han —quien antes se había marchado— regresa con el Halcón Milenario justo para salvar y abrirle el camino a Luke, al desconcertar a Vader.

La resurrección: Es la batalla final de Luke, no solo contra Vader, sino consigo mismo, para probarse y reconocerse. En ella oye la voz de Obi-Wan Kenobi, que lo guía para dejarse llevar por la Fuerza: *"Usa la Fuerza, Luke. Déjate ir, Luke. Luke confía en mí".*

Es el momento cumbre: Luke desconecta los instrumentos y confía en la Fuerza, logrando evadir todos los ataques para, finalmente, con un certero disparo, destruir la Estrella de la Muerte. La voz de Kenobi se oye: "Recuerda. La Fuerza te acompañará siempre".

Regreso con el elixir: El Imperio ha sido derrotado y el héroe regresa a casa transformado, donde son honrados al ser Han y Luke condecorados por la princesa. Se restaura así la paz en la galaxia.

Episodio V - El Imperio Contraataca

La segunda película de la trilogía contiene dos viajes: uno corresponde a la iniciación y las pruebas de Luke para convertirse en un Jedi y, el otro, al viaje de Han y Leia para aceptar su amor. Es una bella historia de sacrificios personales: Han los hace para salvar su amor, y Luke por sus amigos. Luke enfrentará a su padre y aceptará el lado oscuro de su legado.

El Mundo Ordinario: El Imperio sigue dominando el universo, y escondidos en el congelado planeta Hoth los rebeldes tienen su base secreta, preparándose para la nueva batalla. Darth Vader, percibiendo la Fuerza en Luke, se ha lanzado en una búsqueda frenética, con la idea de atraerlo al lado oscuro. Un robot imperial da la alerta y Vader se lanza sobre la base.

La llamada de la aventura: Tendremos dos llamadas a la aventura, la de Luke y la de Han y Leia. Luke aceptará la suya intuyendo que lo llevará finalmente a un encuentro con Darth Vader, encuentro clave para el destino del universo.

La negativa al llamado: Han decide partir para evitar a los cazarecompensas, ya que Jabba el Hutt ofrece un buen precio por él, aunque también es una fallida estrategia para que Leia confiese sus sentimientos por él. Ella no lo hace, negando así, en este momento, el llamado del corazón.

Encuentro con el mentor: Luke es atacado por un Wampa y, casi muriendo congelado en la noche, tiene una visión de Obi-Wan Kenobi, quien le indica que debe viajar al planeta Dagobah para seguir su entrenamiento con el Maestro Jedi Yoda.

El cruce del primer umbral: Vader invade Hoth y los rebeldes son derrotados. Luke huye a Dagobah, y Han, Leia, Chewbacca, C-3PO y R2-D2 también, a bordo del Halcón Milenario. Así divididos, entrarán Luke y Han con Leia en el Mundo Mágico para enfrentar sus pruebas de iniciación.

El vientre de la ballena: Huyendo de los cazas TIE de la flota imperial, Han y Leia entrarán en el Campo de Asteroides de Hoth para esconderse dentro de una cueva, solo para descubrir que, en realidad, están en el vientre de un *exogorth*, un gusano espacial gigante. Será durante su estadía dentro de la babosa que Han besará por primera vez a Leia, aceptando ambos reconocer su amor y cruzar así el umbral del corazón.

Por su parte Luke encuentra en Dagobah a una excéntrica e insignificante criatura verde que después se revelaría como Yoda, el Maestro Jedi. Viendo su impaciencia y comportamiento irreflexivo, Yoda se niega a aceptarlo como discípulo, cambiando de parecer cuando Obi-Wan Kenobi intercede por Luke. Yoda acepta entrenarlo en la Fuerza, advirtiéndole antes al joven Luke que el miedo será parte de su camino; cuando Luke le dice "No tengo miedo", recibe como respuesta un enigmático: "Lo tendrás, lo tendrás". Tiempo después, Luke entra en la Cueva del Lado Oscuro presintiendo la muerte, y advertido de que allí solo encontrará aquello con lo que ingrese:

Luke: Aquí hay algo extraño. Siento frío. Muerte.
Yoda: Ese lugar es más poderoso con el lado oscuro de la Fuerza. Es propiedad del mal. Entrar en él debes.
Luke: ¿Qué hay dentro?
Yoda: Solo lo que lleves contigo. Tus armas no las necesitarás.

Dentro de la profunda cueva, Luke se encuentra con lo que más teme: Darth Vader. En una corta lucha lo vence y decapita, solo para descubrir bajo el casco su propio rostro. Ha descubierto que el Lado Oscuro habita dentro de sí.

El camino de las pruebas: Luke continúa su entrenamiento aprendiendo el camino de la Fuerza, la que fluye fuerte en él, pero falla al no ser capaz de ver todo su potencial; cuando su nave Ala-X se hunde en la ciénaga de Dagobah no logrará reflotarla, dándose por vencido, para recibir una profunda enseñanza de su Maestro: el poder de las creencias.

Luke: No. Jamás la sacaremos ahora.
Yoda: ¿Tan seguro estás? Siempre contigo no se puede hacer. ¿Nada oyes de lo que digo?
Luke: Maestro. Mover piedras es una cosa, pero esto es totalmente diferente.
Yoda: No, no diferente. Solo diferente en tu mente. Tienes que desaprender lo que has aprendido.
Luke: Está bien, lo intentaré.
Yoda: No. No intentes. Hazlo o no lo hagas. No hay intentarlo.
Luego de que Luke fracasara sigue el diálogo:
Luke: No puedo. Es demasiado grande.

Yoda: El tamaño no importa. Mírame a mí. Por mi tamaño me juzgas, ¿no? Pues no deberías porque mi aliada es la Fuerza. Y una poderosa aliada es. La vida la crea y la hace crecer. Su energía nos rodea y nos une. Seres luminosos somos, no esta materia bruta. Debes sentir la Fuerza a tu alrededor. Aquí, entre tú y yo, la roca, el árbol, por todas partes. Sí, incluso entre la tierra y la nave.
Luke: Quieres lo imposible.
Después de que Yoda sacara la nave del fondo del pantano y la dejara perfectamente estacionada, en una exhibición que deja a Luke perplejo, la enseñanza termina sencillamente demoledora:
Luke: No puedo creerlo.
Yoda: Por eso has fallado.

Escapando del *exogorth*, Han y Leia superarán otra prueba logrando evadir la persecución del Imperio. Irán al planeta Bespin a pedir ayuda a Lando Carlissian, viejo amigo de Han, quien los traiciona presionado por Vader.

El Emperador Sidious ha previsto el poder y la amenaza que será Luke y pide a Darth Vader asesinarlo. Vader le plantea una interesante alternativa: capturarlo y traerle al joven para convertirlo al Lado Oscuro de la Fuerza, a lo que el Emperador accede.

Se teje la madeja para capturar a Luke y para su prueba suprema.

La aproximación a la caverna más profunda: Luke tiene una visión: sus amigos Han y Leia corren peligro de muerte en Bespin. Su impaciencia lo llevará a dejar su entrenamiento inconcluso, abandonando a Yoda. Aunque le promete volver.

Vader ha amenazado a Lando, quien le entrega al grupo, congelando en carbonita a Han Solo y enviándolo con el mercenario Bobba Fet al monstruoso Jabba el Hutt. Momentos antes, Han besa apasionadamente a Leia, luego de lo cual ella devela abiertamente sus sentimientos –en otro diálogo para el bronce– diciéndole: "Te amo". Han la mira profundamente y solo contesta con un "Lo sé". Así ambos salen victoriosos en la prueba del corazón.

Finalmente, Lando se arrepiente y ayuda a Leia, Chewbacca y a los androides a huir con el Halcón Milenario.

La odisea: Luke acude al rescate de sus amigos y afronta a Darth Vader en un duelo memorable. Es derrotado, perdiendo su mano derecha; aunque no se da por vencido, pues jamás aceptará el Lado Oscuro: desafía a Vader a que lo mate como antes hizo con su padre. Llegó el gran momento y ocurre algo inesperado, pues Luke descubre una verdad que no podía imaginar: la misma naturaleza del mal contra la que ha luchado todo este tiempo, está también, en potencia, dentro de él: Vader le confiesa que él no mató a su padre, rematando con el famoso "Yo soy tu padre". El extraño encuentro con Vader en la caverna de Dagobah tiene ahora sentido. Luke no lo acepta, aunque en el fondo sabe que Vader dice la verdad, y elige su sacrificio lanzándose al vacío.

El enfrentamiento con Vader cambia profundamente a Luke, transformándolo profundamente; toma conciencia de su pasado y de la fascinación que siente por aquello que más odia, dejándolo en la encrucijada de tener que decidir qué hará con su vida. También esta lucha abrirá paso a la transformación de Darth Vader, quien, al ser reconocido como padre y percibir a través de la Fuerza la conexión con su hijo, queda tocado: ha vuelto a tener una experiencia olvidada hace mucho tiempo, cuando amó a Padmé, al ver en su hijo honor y bondad.

El rescate del mundo exterior: Luke se salva milagrosamente quedando colgado de una antena, desde donde llama – primero a su mentor Obi-Wan Kenobi, y luego a Leia. Esta última lo escucha en su corazón y ordena a Lando regresar para salvarlo. Perseguidos por Vader logran escapar y juntarse con la flota rebelde. Tras el último escape, Lando parte a Tatooine en busca de su amigo Han, mientras Leia y Luke lo despiden con un "Que la Fuerza te acompañe".

Episodio VI - El retorno del Jedi

Después de su transformación al enfrentarse a la verdad de su padre y a él mismo, es el momento en que Luke debe hacer suyas y poner en práctica las enseñanzas de sus maestros para salvar a sus amigos y, de pasadita, a la galaxia entera.

El Imperio está construyendo una nueva Estrella de la Muerte mientras Luke, C3PO y R2D2 viajan a Tatooine a rescatar a Han.

El vientre de la ballena: Se infiltran en el palacio de Jabba, liberan a Han, pero son capturados al ser su "Alta Exaltación el Gran Jabba el Hutt" inmune a los poderes mentales de los Jedi, y Luke nuevamente cae en las profundidades de una cueva, donde enfrenta a Rancor: una enorme y monstruosa criatura que quiere devorarlo. Logra darle muerte, dejando a los cuidadores llorando la muerte de su mascota.

El camino de las pruebas: Jabba, que tiene a Leia viva como su esclava, los condena a muerte, llevándolos al Mar de Arena para ser arrojados al Pozo de Carkoon, lugar donde anida el todopoderoso Salracc, a quien serán ofrecidos como banquete; advirtiéndoles que demorarán mil años en ser digerirlos —una muerte lenta, sin duda. Cuando están a punto de ser arrojados al cráter consiguen escapar, siendo la misma Leia quien ahorcará a Jabba con la cadena que antes la aprisionaba. Superan así otra prueba y logran escapar todos juntos.

Luke regresa a Dagobah para terminar su aprendizaje, pero Yoda ya es demasiado anciano y se prepara para seguir el camino de la Fuerza, aceptando la fase final de su destino. Cuando Yoda le dice que no necesita más entrenamiento —pues sabe todo lo que necesita— un ansioso Luke le pregunta si ya es un Jedi. Y Yoda le responde: "No todavía. Una cosa falta: Vader. Deber enfrentar a Vader. Entonces, y solo entonces, un Jedi tú serás. Y a enfrentar tú vas". Antes de morir y desvanecerse, Yoda le confirma a Luke que es realmente hijo de Vader y que, además, tiene una hermana gemela. La aparición de Obi-Wan Kenobi le confirma todo: Vader fue el jedi Anakin Skywalker, y sí tiene una hermana. Es la Fuerza en Luke la que le permite saber que esa gemela es Leia, y Obi-Wan lo confirma.

La Alianza Rebelde se prepara para destruir la nueva Estrella de la Muerte, para lo cual antes deben desactivar su escudo, el cual es generado desde la luna de Endor. Luke, Han, Leia, Chewbacca y los droides viajarán al planeta, siendo capturados por los Ewok, simpáticos y primitivos habitantes del planeta, quienes capturan al grupo, considerando que C3PO es un dios, hecho que finalmente los salva de ser la cena de festejo. Esa noche Luke cuenta a Leia lo que sabe de sus orígenes. Deja la tribu para entregarse y enfrentar a Vader, quien ha sentido su cercanía viajando también a Endor. Luke es capturado y llevado ante Vader, enfrentando a su padre, quien siente el poder de Luke y la debilidad de su duda. Finalmente, no cede, y lo lleva ante el emperador Palpatine en la Estrella de la Muerte.

La odisea: Tres grandes batallas se dan en la galaxia: en Endor, donde, al intentar destruir la estación que genera el escudo de la Estrella de la Muerte, Leia, Han y su grupo son capturados por los soldados del Imperio, y luego rescatados por los Ewok. Otra, ocurre en los cielos, cuando los rebeldes atacan la Estrella de la Muerte esperando que el escudo sea destruido. Y la última, entre Luke y Vader, mientras el Emperador aguijonea a Luke para que su odio crezca. Vader y Luke luchan y finalmente sí logra desatar la ira de su hijo cuando percibe la existencia de Leia, su hermana, y lo amenaza que ella sí podría aceptar unirse al lado oscuro. Luke vence a su padre y le corta la mano derecha. Y cuando Palpatine lo anima a matarlo y a tomar su lugar junto a él, Luke se niega, desechando su sable de luz para no entrar en el lado oscuro, al resistir la tentación. El Emperador lo ataca para matarlo, pero Vader reacciona y mata al Emperador.

La reconciliación con el padre: Lamentablemente la máscara de Vader queda dañada y presiente su muerte, pidiendo a Luke un último deseo: que le quite la máscara para poder verlo con sus propios ojos. Así, sin su máscara, recupera su identidad, la que revela a su hijo. Muere Darth Vader, quedando Anakin Skywalker.

Luke vuela a Endor, donde quema el cuerpo de Anakin con su coraza, en una ceremonia de purificación, quedando en paz. Ha enfrentado su sombra y ha salido airoso, reconciliado con su pasado y asumiéndose como un Jedi, al cumplir con el último mandato de su maestro Yoda. También Darth Vader se reconcilia con su pasado, al lograr redimirse en sus últimos minutos de vida. La recompensa o elixir le permitirá a Luke seguir adelante con su vida, siendo ahora dueño de su destino. En la fiesta de celebración es visitado por Obi Wan, Yoda y Anakin, quienes le sonríen satisfechos.

Toda una historia de transformación: desde la granja donde Luke vive con sus tíos ignorando su realidad, hasta encontrarse y realizar su destino. En su viaje busca a su sombra, la encuentra, lucha contra ella y finalmente puede aceptarla sin destruirla, para hacerse uno con ella.

Interesante es el relato que el mismo Campbell hace. George Lucas lo invitó a ver las tres películas, diciéndole que estaban basadas en la idea del viaje del héroe de sus libros. La consideró una experiencia surrealista, y termina comentando que:

Esta serie es en realidad una obra en tres actos: el llamado a la aventura, el camino de las pruebas y la prueba final con la reconciliación con el padre y el retorno a través del umbral (Campbell, 2004 p.132, trad. propia).

9.3 Dionisio

¡Grande oh Dionisio! El nacido tres veces; el que ha recorrido el camino de la muerte y resurrección, volviendo para celebrar esta maravillosa vida. Nacido de un dios —el mismísimo Zeus— y una mortal —Sémele, aunque de la realeza y virgen— era, más encima, nieto de Afrodita. Cuando Hera se entera, por supuesto —esposa engañada—, desea la venganza buscando la muerte del bebé. De modo que engaña a la pobrecita e ingenua Sémele para que le pida a Zeus que se le muestra tal cual es. Pocos han sobrevivido la

159

experiencia de ver a la Gran Divinidad en todo su esplendor (uno de ellos es Arjuna, quien le pidió ese favorcito a Krishna). Sin poder decir que no a su amada, Zeus le muestra todo su poder, esplendor y gloria, con lo que Sémele muere carbonizada. Zeus logra rescatar al embrión colocándolo en su muslo, desde donde, unos meses después, nace ya crecido. Así habría tenido dos nacimientos: de Sémele y Zeus.

Hay varias versiones respecto a quien cuidó al joven Dionisio. Una, cuenta que Zeus dejó a su hijo a cargo de Hermes. En otra, que le pidió ayuda al rey Atamante y su esposa. Y una tercera versión dice que Dionisio quedó bajo la tutela de las ninfas de la lluvia de Nisa (¡qué envidia!). Las ninfas eran hermosas doncellas que animaban la naturaleza. Al ser hijas de Zeus eran invitadas a las reuniones de los dioses en el Olimpo. Habitaban en hermosos parajes, tales como en ríos y arroyos, en árboles, en grutas y en las cimas de montes y montañas, donde, desnudas o semidesnudas, cantaban, bailaban y amaban. Sin duda, vivir con ellas forjó la personalidad y el gusto de Dionisio por la danza, la música y la buena vida.

Hera –todavía decidida a vengarse– le encarga a los Titanes matar al niño, al que atraen con una trampa. No solo lo matan, sino que lo descuartizan y devoran. Zeus, enojado, los castiga y fulmina con su rayo y –gracias a que no se habían comido el corazón de Dionisio– lo resucita, teniendo así su tercer nacimiento.

Tiempo después, cuando Dionisio ya había crecido y descubierto el vino, Hera lo enloquece y lo deja vagando por el mundo. Lo salva Cibeles (diosa de la tierra y la fertilidad), quien lo cura e introduce en los misterios, los ritos religiosos de las religiones mistéricas. Dionisio sale a recorrer el mundo, enseñando y llevando a quien quiera por el camino de la transformación en el éxtasis.

Si bien no parece ser considerado otro nacimiento, creo que es un renacimiento después de una muerte aparente y un viaje por la locura que, sin duda, se equipara al Inframundo. Volver para ser introducido en las religiones misféricas es un gran viaje. Dionisio nace, muere y renace, siendo el renacimiento la experiencia cumbre de las religiones misféricas, objeto de reverencia mística. Se transforma así en el dios del vino, mediante el cual inspira la locura ritual y la 'muerte' extática. Es entonces el libertador, ya que libera a la gente de sus preocupaciones y dormida normalidad. Dionisio es aquel que produce éxtasis a través de la música, la danza y el vino. Y el vino se obtiene después de que el racimo de uva es descuartizado, pisoteado y encerrado por un tiempo en una oscura vasija, donde se produce su transformación.

Así, "el poder de Dyonisios es cabalgar la furia de la fuerza vital. Eso es lo que representa" (Campbell, 2000, p. 200). Con toda esta historia, en el ranking de Lord Raglan logra 19 puntos (casi el máximo), derrotando al propio Zeus; solo le ganan Edipo y Teseo. Además de héroe, ídolo.

9.4 Hombres de Hierro

En su libro *Hombres de Hierro*, Robert Bly, poeta norteamericano, analiza el cuento *Iron John* de los hermanos Grimm. Nos explica cómo la aparente historia infantil de un príncipe que conquista y se casa con una princesita, es nada menos que el relato de la iniciación masculina. ¡Y este sí que es un viaje de héroe! Nos muestra cómo en esta sociedad moderna el hombre ha perdido sus antiguos valores de hombre recio siempre listo para la pelea, y ha sido reemplazado por uno más sensible, el "hombre suave", igualmente perdido. Así, el relato nos muestra el rito para convertirnos en hombre, un valor que esta sociedad ha perdido… entre tantos otros. Encontramos en el cuento toda la estructura del viaje del héroe, su iniciación, las pruebas y el feliz retorno.

El cuento de Juan de Hierro conserva la memoria de las ceremonias masculinas de iniciación que tienen diez o veinte mil años de antigüedad en el norte de Europa. El trabajo del "Hombre Natural" es enseñarle al joven cuan abundante, variada y múltiple es la humanidad. El cuerpo del niño hereda las habilidades físicas desarrolladas por sus ancestros, muertos hace muchos años, y su mente hereda los poderes espirituales o del alma desarrollados siglos atrás (Bly, 1992, p. 78).

Al inicio del cuento, el Hombre de Hierro, monstruoso, peludo y primitivo ser, es sacado del fondo de un pantano y encerrado en una jaula, cuya llave es guardada bajo la almohada de la reina. Este ser representa la naturaleza pasional, la fogosidad, la impulsividad, la espontaneidad, los pensamientos ocultos, las fantasías, las emociones explosivas, la furia leonina y el exceso. Para Bly, la cantidad de pelo de una persona sugeriría hasta qué punto están permitidos los instintos y la espontaneidad, así como también qué tanto soñamos, lo misterioso que tenemos y...

todas aquellas intuiciones que aparecen de ninguna parte, por canales que no podemos observar (Bly, 1992, p. 78).

Y agrega:

Los sistemas mitológicos asocian el cabello con lo instintivo, lo sexual y lo primitivo. Lo que sugiero, entonces, es que cada varón moderno tiene, en el fondo de su psiquis, un grande y primitivo ser cubierto de cabello hasta los pies. Hacer contacto con este "Hombre Natural" es el paso que el hombre de los ochenta o de los noventa aún tiene que dar (Bly, 1992, p. 17).

... y del dos mil, y del dos mil dieciocho...

Un día, el joven príncipe pierde su bola de oro, la que llega a la jaula del Hombre de Hierro, quien, a cambio de devolvérsela, le pide su liberación. Tanto desea el príncipe su bola de oro, que roba la llave que está debajo de la almohada de su madre y libera al monstruo, quien huye y corre rumbo al bosque, cargando al niño en sus hombros.

La bola representa la inocencia del niño, ahora perdida. Su despertar, su separación del mundo tranquilo y bien cuidado de sus padres. El niño podría no haber huido al bosque, e incluso, devuelto la llave, desentendiéndose de lo que pasó. ¿Cuántas veces no hemos escuchado el llamado, asomándonos al umbral, para devolvernos aterrados? No era nuestro momento, los planetas no estaban alineados ni "era nuestro karma". Bueno, para otra vez será.

Tras esta huida, el chico ya no puede volver a la perfección e inocencia del hogar donde era cuidado y querido sin condiciones. Ha traicionado el amor de su madre robando la llave, aunque de alguna manera con este acto ha ganado su libertad. Nos llama lo que nos asusta, lo salvaje, lo irracional, lo intuitivo, el cuerpo, la emoción, la naturaleza, lo instintivo, que ha permanecido oculto desde hace mucho tiempo. ¿Y qué hacer con esta libertad? ¿Cómo y dónde recuperar la bola de oro? La bola de oro no la vamos a recuperar con buenas maneras, con sumisiones, con alguna conversación con mamá. Lo que hay que entender es que la masculinidad no vendrá porque comenzamos a afeitarnos, a tomar cerveza o nos llevan a conocer "mujeres de vida fácil".

La historia de Juan de Hierro dice que un hombre no puede esperar hallar la pelota de oro en el reino femenino, porque no es allí donde se encuentra. El esposo, en secreto le pide a su esposa que le devuelva la pelota de oro. Y ella se la daría si pudiera, ya que la mayoría de las mujeres, según mi experiencia, no tratan de obstaculizar el crecimiento del hombre. Pero ella no puede dársela porque no la tiene. Es más, ella ha perdido su propia pelota de oro y tampoco puede hallarla (Bly, 1992, p. 19).

Fuerte. El hombre no va a vivir sus pruebas masculinas con su madre ni con su probablemente bien amada pareja. Ni ella, las suyas con él. Ambos perdieron su bola de oro hace mucho tiempo. El amor romántico no los va a salvar de nada, ni siquiera de su soledad, la que seguramente temen enfrentar, como otra de las pruebas. Esto implica aceptar la posibilidad de que la energía masculina no se encuentre en la mujer, vista como la "media naranja" necesaria para completarnos como hombre. ¿Y dónde está entonces la bola de oro? Parecería estar dentro del campo magnético del hombre mismo, dentro del Hombre Natural o Primitivo, ¿Y cuál sería esta energía masculina que nos presenta el Hombre Primitivo? ¿Y cuál sería este campo magnético del Hombre Primitivo?

En los mitos griegos, Apolo es visto como un hombre dorado parado sobre el cúmulo de la oscura, alerta y peligrosa energía de Dionisos. El Hombre Natural de nuestra historia incluye algo de ambas clases de energía, de la de Apolo y de la de Dionisos (Bly, 1992, p. 42).

¿Y quiénes son *Apolo* y *Dionisio*? A Dionisio ya lo conocemos, y representa por sobre todo la energía del Hombre Primitivo. El hombre necesita reconocer esta energía en él, la que lo lleva al desenfreno, entregado a una experiencia de transformación. Apolo –por otra parte– es la energía solar, la perfección, la belleza y la armonía, la brillantez, el equilibrio y la razón.

Parecemos necesitar algún tipo de iniciación –aún viva en nuestra estructura psíquica y genética–, algún acto mágico que nos permita tomar posesión de un nuevo poder. Un acto que de alguna manera congregue y transmita la energía masculina de los sabios ancianos conocedores de los secretos de la vida y del universo. Lamentablemente hoy eso no ocurre. Los ancianos están en un asilo viendo televisión y tomando pastillas, o –en el mejor de los casos– reinventados con una mujer de 25 años.

A lo largo de las culturas antiguas del mundo la iniciación de los jóvenes tiene dos acontecimientos claves: el primero es la ruptura con los padres, con todo lo que ellos representan: lo viejo y obsoleto, lo repetido y caduco. El joven principiante se retira al desierto o al bosque regresando a sus orígenes. El segundo acontecimiento es la herida que el hombre a cargo de la iniciación inflige al aprendiz. El Metabarón infringirá numerosas heridas a su hijo, mutilándolo y reconstruyéndolo, para finalmente desafiarlo a muerte. El hijo tendrá que matarlo para tomar su lugar. No es sadismo ni dolor gratuito; es un rito de crecimiento y apropiación de su lugar en el mundo para la continuación de la vida.

Una de las grandes pruebas que señala Bly es la necesidad del hombre de reconocer sus heridas, las que le hicieran sus padres en nombre del amor, todas ellas a su autoestima y grandeza. No se trata solo de heridas de golpes y palizas reales, sino verbales, heridas internas. Golpes que dañan nuestra autoestima, que nos hunden, que minan nuestro entusiasmo y confianza, que nos humillan, envenenan, y que dejan moretones y manchas en el corazón. Todas, grandes heridas a nuestra grandeza. ¿Y dónde se encuentra nuestra herida más importante?...

Donde esté la herida de un hombre, allí se encontrará su "genio". Dondequiera que nuestra herida aparezca en nuestra psique, sea de un padre alcohólico, de una madre o un padre avergonzadores, o de una madre abusadora, sea que derive del aislamiento, de una discapacidad o de una enfermedad, ése es el lugar desde donde daremos nuestro mejor aporte a la comunidad. (Bly, 1992, p. 62).

El Hombre Primitivo pide al niño que cuide una fuente para que nada caiga dentro de ella. Es el agua de la vida espiritual, en la que pueden sumergirse solo los que están preparados, pues en sus profundidades habita lo oscuro y desconocido. Al tercer día ocurren dos hechos significativos: el niño ve su reflejo en el agua y es expulsado del bosque por el salvaje. Se encuentra de esta manera con su sombra, con su otro yo, que lo mira de frente: ha llegado el momento de mirarse y mirar al mundo con sus propios ojos. Y el Hombre Primitivo lo envía de vuelta a conocer el mundo, a saber, lo que la pobreza significa y a reencontrarse. De todas formas, le dice que si alguna vez está en problemas vaya al bosque y lo llame, y él acudirá en su ayuda.

El héroe debe descender a las profundidades en busca de sus desafíos y respuestas, así que se inicia el descenso del niño, quien, después de vagar por el pueblo, consigue un trabajo en la cocina del castillo, acarreando leña y agua, y barriendo cenizas. La cocina queda en el sótano, y representa la caída y la invitación para cruzar el primer umbral: a reconocer y aceptar sus viejas heridas. Si todos sus sueños hoy no son más que cenizas, deberá limpiarlas; tantos sueños rotos, no vividos, frustrados. Hemos quemado mucha energía, hemos hecho mucho esfuerzo, y estamos cansados. La vida no ha sido como soñamos, estamos frustrados y dolidos; estamos enojados con nosotros y con el mundo, que no nos ha complacido. Es el momento de reconocerlo —si queremos cruzar el umbral— y limpiar nuestras cenizas.

Una de las pruebas será aprender a sensibilizarse, a sentir y expresarlo. "Un hombre espiritual puede amar la luz y aun así puede tener un pecho completamente paralizado" (Bly, 1992, p. 96). Años de "hacerse hombre" a costa de todo lo que siente, hasta que llega un momento en que puede vagar por el mundo, con él sobre los hombros entumecidos.

Algo más falta aún —dice Bly. El niño para hacerse hombre necesita "aprender a estremecerse", lo que significa ser capaz de sentir la fragilidad del ser humano. Significa —como don Juan le enseña a Castaneda— sentir la presencia de la muerte a nuestro costado izquierdo y dejar de vivir como si fuésemos inmortales, ya nuestro tiempo es finito pues la muerte nos acecha. Y en este aprendizaje Dionisios será clave: será quien inicie al joven en el aprendizaje de la energía huracanada del Hombre Primitivo, del guerrero, de la exuberancia, de las danzas paradisíacas, del desenfreno, de la entrega y de los grandes Misterios. Y si "ha hecho las cosas bien, el joven recibe un trago de las aguas del dios" (Bly, 1992, p. 241).

Tendrá que superar "el hambre de padre" conectando con el Rey en sus tres facetas: el Rey Solar que es el principio del orden y del espacio, y quien estimula la creatividad; el Rey Terrenal o líder político de los pueblos (hoy desaparecido, o muy escondido); y el Rey Interior, que es el que dentro de nosotros sabe qué…

queremos hacer el resto de nuestras vidas, el resto del mes o el resto del día. Hace claro lo que queremos sin contaminarse con las opiniones de las otras personas que nos rodean. El Rey Interior está conectado con el fuego de nuestros deseos y pasiones (Bly, 1992, p. 151).

Deseos y pasiones que nos hemos encargado durante años en esconder y disimular, de modo que es válida la pregunta de Castaneda cuando don Juan le habla de seguir los caminos con corazón: ¿cómo saber si un camino tiene corazón? Que para Bly es preguntarse, ¿cómo revivir al Rey Interior? Y su respuesta es simplemente regresar:

El proceso de regresar a la vida al Rey interior, cuando se lo busca adentro, comienza prestándole atención a los deseos diminutos, buscando los rastros de aquellas cosas que a uno le gustan realmente (Bly, 1992, p. 153).

Y la última prueba será, finalmente, el matrimonio con la gran Diosa Madre.

Entonces, un día el cocinero envía al muchacho a trabajar al jardín, que es un lugar especial, separado y tapiado. Es un espacio para refugiarse del mundo exterior, un lugar para la soledad, para conectarse con uno mismo; un lugar para sanar las heridas y recuperar nuestra perdida confianza. Es el lugar para recuperar nuestros deseos o, mejor aún, la capacidad de desear y conectar con lo que siento y, luego, con lo que quiero. De recuperar la capacidad de sentir y de amar. Bly nos dice, del modo en el que se comportan los amantes.

Y el hombre sale en busca de la "Mujer de Cabellos Dorados" quien desciende desde su luminoso espacio éterno sobre una mujer de carne, hueso y estómago sumamente vulnerable, víctima de estas fuerzas implacables e impersonales. Así...

los hombres, una y otra vez confunden a una mujer viva con la Mujer de la Cabellera de Oro. Una mujer viviente, con estómago, intestino delgado e infancia perturbada no es la mujer de luz (Bly, 1992, p. 184).

De modo que el hombre aprende a ver y encontrar en la mujer de carne y hueso a la Mujer de la Cabellera de Oro, a la Gran Diosa Madre, o seguirá en una búsqueda eterna encontrando, amando y desilusionándose. O, perdido, seguirá buscando quien calme todas sus ansias de amor y eternidad, con el alma suspendida, embriagado, de cuerpo en cuerpo. Como dice Bly, Blake diría: "El cuerpo desnudo de la mujer es una parte de la eternidad demasiado grande para el ojo del hombre" (Bly, 1992, p. 188).

¿De qué se trata entonces?

Juan de Hierro quiere que el joven experimente el jardín. Una vez realizada esa experiencia, que puede llevarle diez años, podemos decir que el muchacho ha empezado a honrar su propia alma, que ha aprendido a ser un amante y que ha aprendido a danzar (Bly, 1992, p. 194).

9.5 La Odisea

La Odisea corresponde al segundo de los poemas atribuidos a Homero. En el primero de ellos, *La Ilíada*, Ulises deja su casa, su tierra, su amor, su vida plena, tranquila, segura y feliz, y emprende el viaje a Troya. Solo para pasar por muchas pruebas: serán diez años de luchas y sangrientas batallas entre hombres, viviendo así el arquetipo y las pruebas del guerrero, emboscando, destruyendo y matando, con increíbles sufrimientos y transformándose en un ser insensible y entumecido. Vivirá así su viaje solar, la realización a través del hacer, de la acción y de la conquista, del poder sobre los demás y de apoderarse del mundo.

Después de tanta lucha por conquistar, quizás sienta la necesidad de lo femenino, y decide volver a casa. Los siguientes diez años, narrados en *La Odisea*, también serán de lucha, pero ahora contra obstáculos, demonios y adversidades de otros mundos; los últimos siete años de su viaje los pasa con la bella ninfa Calipso, viviendo la gran prueba del encuentro con la Diosa Madre del Mundo. Es el momento —después de tanto horror— de descansar en los brazos de la madre y la prostituta sagrada, y de conectar

168

con sus sentimientos. Calipso es devota y devoradora, seductora y amante: lo que un hombre más desea y más teme. Vive así con ella una vida sensual y aparentemente vegetativa, si consideramos que solo a través de la acción y la lucha puede encontrar su identidad. Y si Calipso significa "eclipse", será viviendo un eclipse de lo que para él es la vida, que podrá encontrar el equilibrio al vivir con Calipso su viaje lunar, el reconocer los misterios más profundos de la existencia, que solo llegan a nosotros a través de una diosa.

Su llanto de dolor después de tantos años de exilio de su hogar, es el inicio de su retorno; tendrá que integrar las olvidadas y temidas virtudes femeninas: paciencia, sensibilidad, calma, contemplación, transformación, sanación y la conexión con el cosmos. Sin ellas no regresará nunca. Para Odiseo este es el viaje al Inframundo, a las profundidades de su ser, al mundo desconocido y temido, donde debe entrar solo y entregarse a Calipso, la gran Diosa Madre. Con ella vive en profundas cavernas que recuerdan el útero materno, lugar desde el cual renacerá a una nueva existencia.

Una prueba suprema deberá enfrentar antes del regreso: Calipso le ofrece la inmortalidad, si se queda con ella. La rechaza, pues con ella perdería algo de su esencia: dejaría de ser hombre, y ser hombre es ser mortal. Con ayuda de Atenea, Calipso lo dejará ir, maduro y en posesión de todo su ser. Tras siete años está listo para el próximo paso, y desea con toda su alma regresar a su amada Ítaca y a Penélope. Lo masculino y lo femenino se muestran simultáneamente en él, y sus actos son la expresión de sus sentimientos.

La Odisea es una historia de luchas, búsquedas y pérdidas constantes. El héroe parece ser siempre arrastrado por circunstancias ajenas a él, por demonios y caprichos divinos. En realidad, una de las características de Odiseo es su ceguera para ver y aceptar que sus circunstancias no son más que las consecuencias de sus actos, o sea que él mismo las crea con su orgullo, arrogancia y caprichosa conducta, en la que desoye constantemente a los mismos dioses: él puede con su fuerza contra todo. Diez años de vagar serán suficientes para aprender y regresar a su tierra.

9.6 La Flauta Silenciosa

En este viaje el héroe va en busca de un mítico libro que contiene todas las respuestas y que está en poder de un brujo llamado Zetan. En su camino Cord, hábil luchador, aunque carente de autocontrol y con una temeraria arrogancia, deberá superar varias pruebas y desafíos que lo pondrán a prueba. Su mentor, un misterioso ciego que nunca le da su nombre ("Lo que sea que pienses que soy o quieras que sea, eso soy"), le dará ayuda en forma de consejos y enseñanzas de filosofía zen. Como este diálogo donde Cord reprocha al ciego por ser tan enigmático:

–Es como hablar con una pared.
–Buda se sentó en frente de una pared y al levantarse estaba iluminado.
–¿Usted se compara a Buda?
–No. Solo con la pared.

En realidad, este viaje iniciático que se nos relata en la pantalla no es sino —una vez más— una alegoría del viaje introspectivo que el héroe lleva a cabo en su búsqueda de la verdad y la sabiduría. Cada una de las pruebas que encontrará corresponde a diferentes aspectos del desarrollo del ser humano en su camino iniciático. Se enfrentará con su ego, que no hace más que mostrarlo como un cobarde mono; el amor a través de Tara, la rosa en el desierto; y, el miedo a la muerte. Aprenderá del amor y el peligro mortal de querer retenerlo:

–Hace un año hice un voto de castidad. Hace un día, lo quebré. Con felicidad, porque comprendí que nacemos para amar. Pero lo que hice fue peor que romper un tonto voto. Intenté poseer lo que amaba. No sabía entonces que un abrazo amoroso, cuando es demasiado apretado puede destruir a quien amamos.

170

En el camino se encontrará con el hombre dentro del barril de aceite, quien busca liberarse de la mitad de debajo de su cuerpo, incluyendo "esa cosa terrible entre sus piernas". También aprenderá a vencer su impaciencia y falta de control, pudiendo, casi al final, ver que está transitando por un camino ya recorrido.

La película termina con la clave esencial del camino iniciático. Después de superar todas las pruebas, Cord se gana el derecho de ver el libro y ser su custodio; infinitos días de paz y placer le son prometidos. El custodio (el mismo Zetan) lo anima:

–Sé que sobrevivió a varias pruebas aterrorizantes. Pero lo que verá ahora puede ser más aterrador aún. Usted puede tomar mi lugar aquí, sin mirar el libro como lo hice yo hace muchos años.
–Necesito mirarlo primero.

Al hacerlo, descubrirá que cada una de las páginas del libro contiene un espejo donde solo se refleja su rostro.

–Los buscadores luchan año tras año y pagan un precio terrible para ver qué tiene ese libro. Y cuando lo abren, esperando encontrar todas las respuestas para todas las preguntas de su vida, ¿qué es lo que encuentran?
–A ellos mismos.
–A ellos mismos. No hay ningún libro, Cord. No hay iluminación alguna fuera de usted mismo.
–¿Y nada para llevarse?
–No.
–La mayoría de ellos está aquí. Otros volvieron al mundo y con todos los disfraces proporcionaron las pruebas por las que debió pasar. Algunos se volvieron profesores.

Con un arresto de alegría y alivio se niega a custodiarlo, y se aleja para encontrarse con su maestro sin nombre, que le cede su flauta para iniciar su danza: la Gran Danza de la Vida.

10. Las siete pruebas del héroe y la heroína

Cuando emprendas tu viaje hacia Ítaca
debes rogar que el viaje sea largo,
lleno de peripecias, lleno de experiencias.
No has de temer ni a los lestrigones ni a los cíclopes,
ni la cólera del airado Poseidón.

Nunca tales monstruos hallarás en tu ruta
si tu pensamiento es elevado, si una exquisita
emoción penetra en tu alma y en tu cuerpo.
Los lestrigones y los cíclopes
y el feroz Poseidón no podrán encontrarte
si tú no los llevas ya dentro, en tu alma,
si tu alma no los conjura ante ti.

Debes rogar que el viaje sea largo,
que sean muchos los días de verano;
que te vean arribar con gozo, alegremente,
a puertos que tú antes ignorabas.

Que puedas detenerte en los mercados de Fenicia,
y comprar unas bellas mercancías:
madreperlas, coral, ébano, y ámbar,
y perfumes placenteros de mil clases.
Acude a muchas ciudades del Egipto
para aprender, y aprender de quienes saben.

Conserva siempre en tu alma la idea de Ítaca:
llegar allí, he aquí tu destino.
Más no hagas con prisas tu camino;
mejor será que dure muchos años,
y que llegues, ya viejo, a la pequeña isla,
rico de cuanto habrás ganado en el camino.

No has de esperar que Ítaca te enriquezca:
Ítaca te ha concedido ya un hermoso viaje.
Sin ella, jamás habrías partido;
más no tiene otra cosa que ofrecerte.
Y si la encuentras pobre, Ítaca no te ha engañado.
Y siendo ya tan viejo, con tanta experiencia,
sin duda sabrás ya qué significan las Ítacas.
(Kavafis, 1976, p. 46)

La gente no se vuelve "real" fácilmente, no es "auténtica" de un día para otro. Toma su tiempo ser lo que "uno verdaderamente es" y para muchos es por siempre una "búsqueda", es decir, parece que nunca llegan a serlo. Curioso, si de veras me parece imposible ser algo distinto que lo que uno verdaderamente es todo el tiempo. Supongo que lo que pasa es que no nos sentimos bien o a gusto con lo que somos, y claro, entonces no soy auténtico y, menos, yo mismo. ¡Qué disociación! Pero, en fin, es tan normal vivir así, que es normal.

Y en este pasar a sentirse más auténtico hay un grado de honestidad, de reconocer que algo no anda bien, que quizás el éxito tan perseguido no es suficiente; algo ocultamos, alguna desilusión, frustración. Aparecen entonces el dolor, la rabia y la agresividad, detrás de la cual se esconden nuestros miedos, las dificultades. Y especialmente las frustraciones, nuestra tristeza y soledad, los fracasos; y peor, todo aquello que proyecto a futuro, impidiéndome la tan anhelada felicidad. Así, en un proceso que Dilts y McDonalds (1997) describen, podemos pasar de un dolor que tiene contexto y sentido (me golpeo y me duele el brazo), por la rabia, el sufrimiento, la depresión, la miseria, la agonía, la desesperación, hasta el entumecimiento, momento en el que logré desvincularme (disociarme) tanto, que ya no siento en absoluto. Me he convertido en un robot que hace y hace sin pensar, sin sentir, sin desear, sin amar y, sobre todo, sin sentido.

How can I go forward when I don't know which way I'm facing?
How can I go forward when I don't know which way to turn?
How can I go forward into something I'm not sure of?
Oh no, oh no
How can I have feelings when I don't know if it's a feeling?
How can I feel something if I just don't know how to feel?
How can I have feelings when my feelings have always been denied?
Oh no, oh no
You know life can be long
And you got to be so strong
And the world is so tough

Sometimes I feel I've had enough
How can I give love when I don't know what it is I'm giving?
How can I give love when I just don't know how to give?
How can I give love when love is something I ain't never had?
Oh no, oh no
(John Lennon, 1971b)

Seligman estudió esto en detalle y nos habla de la inde-
fensión aprendida, que es la condición del ser humano o
animal que ha aprendido a comportarse pasivamente ante
una situación adversa, con la percepción subjetiva de que ya
no puede controlar el entorno, sea lo sea que haga, aunque
haya oportunidades reales de cambiarlo, lo que puede suceder tras varios intentos para conseguir algo, sin lograr
obtenerlo (Seligman, 2003).

Entonces, si algo no da para más, ha llegado el
momento de enfrentarlo, de hacer algo al respecto, de
pararnos de frente ante nuestra sombra, que no es más que
todo aquello que hemos escondido y guardado tanto tiempo; todas mis frustraciones, dolores, penas, miedos; todo lo
que he evitado, ignorado, dejado de lado, postergado, todo
aquello que aparece como rabia en los momentos de
frustración, dolor y angustia.

En el famoso libro y luego película de Elizabeth Gilbert,
Comer, rezar y amar, la heroína, hastiada de una vida vacía y
sin sentido, escucha el llamado que la lleva a dejar su
trabajo e iniciar una búsqueda que la coloca frente a sus
pruebas. Así, llega a Italia donde conoce y aprende el placer
de la buena comida y, de paso, de vivir. Luego viaja más al
oriente donde se encuentra con su alma, con dios. Y finalmente encuentra el amor, la tercera y más dramática de
todas las pruebas: compartir su vida con alguien.

Nada de novedoso en una película gringa ese final para
nosotros, occidentales que creemos en el amor romántico,
ese amor de pareja que nos redime de todo, y que en el
libro aparece después de haber aprendido a gozar de la vida
y de hacer las paces con la divinidad. Nos estamos acos-
tumbrando a huir frente a la primera dificultad.

175

Puede ser un simbolismo de que primero encontramos la paz con dios y, luego, en ese estado, aparece la pareja; o que es más fácil encontrar a dios que la pareja, que sería el plato de fondo. Y desde ese momento todo es maravilla, como los cuentos de hadas que nos contaron de niños: al parecer vivieron felices para siempre, pues hasta ahora no hay ni secuela del libro ni de la película. ¿O no será que justamente ahí, cuando inicia su vida de pareja, empieza otro viaje, mucho más serio, más comprometido, y más crucial para nuestras vidas?

Así que partimos desde nuestro mundo cotidiano donde estamos seguros y tranquilos viviendo en nuestro mundo conocido: nada parece alterarnos mucho, un trabajo que cuidamos, aunque sea rutinario; de lunes a viernes casi lo mismo, el mismo horario, los mismos recorridos de ida y vuelta, los buenos días y la charla sobre el fútbol o el último *meme* viral. Esperando el viernes, para unas cervezas con los amigos; ningún desafío, ningún cambio. Y el fin de semana, para dormir todo lo que pueda, ir al supermercado y comprar algo rico para ver la película del sábado en la noche. Tal vez un asadito con los amigos para conversar de fútbol, enfermedades y de los demás (nunca de nosotros, nunca de mi). Si hay niños (cada vez menos), ocupan algo de espacio y tiempo el fin de semana. El amor, la pasión, se fueron y ahora nos acompañamos. Hace tiempo que mis sueños, tus sueños y nuestros sueños de juventud se olvidaron y quedaron atrás. Yo no existo, salvo en *Facebook*, mi tiempo libre es para el *chat*, sí, siempre conectado, muchos *Me gusta* y cuento los míos con ansiedad. ¿Algún momento para mí? ¿Quién quiere eso? Puede ser hasta peligroso. Mejor un Prozac para no caer en depresión y poder dormir bien.

Y como siempre ocurre, esa paz no es eterna. Algo importante e inesperado pasa, que nos saca de nuestro mundo cotidiano. Algún golpe bajo, el destino o la mala suerte. El mundo de fantasía se cae en pedazos: mi fiel esposa tiene un amante, mi inocente hija queda embarazada, o me despiden del trabajo. Todo parece desplomarse y el mundo conocido y estable se hunde bajo mis pies. Y mi cabeza no me deja tranquilo; más pastillas para dormir, y otra para poder levantarme y funcionar. ¿Por qué y por qué? Y no hay respuesta.

Aunque no lo reconozcamos, es el llamado. El llamado de la vida no vivida y postergada. Es el momento de cruzar el umbral y seguir el llamado. Como en *Matrix*, de elegir la píldora azul o roja, de enfrentar todo lo que está pasando, buscar una respuesta, o de abandonar. Es el momento de rehacer, de encontrar un nuevo camino o de morir a la vida, rechazando el llamado. Sin duda, es el momento del miedo, en que el mundo nos odia y, quizás, de sentir que no vale la pena vivir.

Podemos seguir como estamos, reforzando nuestras trampas: nos ponemos trabajólicos, nuestras ansias de poder son cada vez más patéticas; las ansias por el dinero y la búsqueda desenfrenada del placer: la vieja y clásica búsqueda de dinero, sexo y poder. Por supuesto algún doctor me dará los fármacos necesarios para ponernos contentos y llenos de energía. Podemos quedar detenidos en esta etapa del viaje, rechazando el llamado por miedo a caer. Será Alfred en *Batman Inicia* quien a la pregunta de Bruce, "¿Por qué caemos?", le dirá simple y sabiamente: "Para que aprendamos a levantarnos".

Podemos pasarnos al grupo de los que son eternas víctimas y viven quejándose y protestando, culpando siempre a los otros. Viviremos presos de los problemas, sin encontrarles y ni tan siquiera buscarles una solución. Viviremos amargados, sin encontrarle sentido a lo que estamos viviendo, quedándonos en la superficialidad. En la lucha y fuga elegimos la fuga para seguir, no el camino del héroe, sino el de la cobardía, que...

consiste en embutirse en un capullo, dentro del cual uno perpetúa sus procesos habituales. Mientras siga uno generando siempre los mismos modelos básicos de conducta y de pensamiento, jamás tendrá que dar un salto al aire libre o a un terreno nuevo (Trungpa, 2008, p. 64).

¿Y si nos atrevemos y damos un salto al vacío para intentar ese triple salto mortal del trapecista que, con pasión, nos describe Sam Keen? ¿Y si aceptamos el desafío como un rito de transformación? Quizás este desafío que nos pone la vida sea un regalo para desarrollarnos y crecer, porque ya intuimos que si no nos entregamos al cambio, el sufrimiento será intolerable y un reflejo de nuestra incapacidad de adaptación al cambio. Quizás descubramos que este momento de crisis puede ser el vehículo mismo para pasar de un orden que ya no nos sirve, a un nuevo orden. ¿Por qué ver en la crisis solo la ruptura y el dolor? ¿Podríamos acaso verdaderamente crecer sin pruebas y desafíos? Bajo este cristal dejamos de ver una crisis como un enemigo del cual tenemos que huir, de modo que al ser sacudidos por ella reconoceremos la oportunidad de traspasar una barrera, reconociendo así su sentido. Requeriremos una dosis de valentía o coraje enfrentar este momento.

Valentía es adentrarse en lo desconocido a pesar de todos los miedos. La valentía no es falta de miedo. La falta de miedo surge cuando cada vez te vuelves más valiente (...) Cuando te adentras en un mar desconocido, como hizo Colón, tienes miedo, un miedo terrible, porque nunca sabes lo que puede suceder. Abandonas la orilla de la seguridad. En cierto sentido, estabas perfectamente, pero te faltaba una cosa: la aventura. Te emociona adentrarte en lo desconocido. El corazón empieza a latir de nuevo, estás vivo de nuevo, totalmente vivo. Todas las células de tu ser están vivas porque has aceptado el desafío de lo desconocido (Osho, 2002 p. 13).

Y aparece *La Invitación*, un poema que nos muestra con su realismo, fuerza y heroísmo de alguien como yo y tú –que vivimos una vida "común y corriente"–, qué es ser valiente en estos momentos:

No me interesa saber cómo te ganas la vida.
Quiero saber lo que ansías,
y si te atreves a soñar con encontrar lo que tu corazón anhela.
…
Quiero saber si has llegado al centro de tu propia tristeza,
si las traiciones de la vida te han abierto

o si te has marchitado y cerrado por miedo a nuevos dolores.
...
Quiero saber si puedes vivir con el fracaso,
el tuyo y el mío,
y de pie a la orilla del lago gritarle a la plateada forma de la luna llena:
«¡Sí!».
...
No me interesa saber dónde vives ni cuánto dinero tienes.
Quiero saber si puedes levantarte
después de una noche de aflicción y desesperanza,
agotado y magullado hasta los huesos,
y hacer lo que sea necesario para alimentar a tus hijos.
...
No me interesa ni dónde ni cómo ni con quién estudiaste.
Quiero saber lo que te sostiene desde el interior,
cuando todo lo demás se derrumba.
Quiero saber si puedes estar solo contigo mismo
y si en verdad aprecias tu propia compañía en los momentos de vacío.
(Oriah Mountain Dreamer, 2000, pp. 11-12).

Y entonces es cuando atravesamos la primera puerta, entrando en un nuevo mundo que no entendemos; es extraño, hostil, incomprensible y nos asusta.

Llega entonces el momento de las pruebas, y esas pruebas parecen referirse a siete aspectos principales de la existencia humana. Los tres primeros los plantea Rolando Toro en tres grandes preguntas: ¿Dónde quiero vivir?, ¿Con quién quiero vivir? y ¿Qué voy a hacer con mi vida? Son preguntas básicas para desenvolverme en esta vida, para vivir una vida con algún propósito, aunque aún sin sentido.

Las otras tres preguntas clásicas: ¿de dónde venimos?, ¿quiénes somos? y ¿adónde vamos?, tienen aún más respuestas, más 'elevadas' y profundas; miles de libros y personas famosas han intentado una respuesta, aunque si le preguntaras a un maestro zen te contestaría con una bofetada o un golpe de su Keisaku.

Curiosamente estas tres últimas preguntas constituyen el nombre de un cuadro que Gauguin pintara en Tahití, y dicen ser las que haría un tahitiano hospitalario a un forastero o turista. El cuadro muestra la escena de un paisaje tropical lleno de mujeres y niños tahitianos, cada uno de ellos en una actividad diferente y simbólica. Gauguin habría hecho una obra filosófica temáticamente similar al evangelio. El cuadro sería un escenario de la vida y la actividad humana, desde el nacimiento hasta la muerte, leído de derecha a izquierda. Así un bebé marca el inicio de la escena, Le sigue la vida cotidiana, con sus temores y alegrías. Una mujer cogiendo un fruto del árbol de la ciencia, símbolo del pecado de Eva, mientras a su izquierda dos personas filosofan sobre la vida y los hombres se dejan llevar por la felicidad de vivir. A su derecha, un ídolo muestra el aspecto espiritual y religioso que representa lo indefinido y lo incomprensible ante el misterio de nuestros orígenes y de nuestro futuro. Al final del recorrido, a la izquierda, la muerte de una vieja, que representa la muerte y también el renacimiento. Se ve una momia que se puede interpretar tanto como la muerte, la eternidad o el ciclo de nacimiento, muerte y reencarnación. La vida en sus facetas extremas.

¿En cuál de todos esos aspectos estamos ahora? ¿Cuál será la prueba a la que nos veremos enfrentados?

… al héroe le sucede la aventura para la que estaba preparado. La aventura es una manifestación simbólica de su carácter. Hasta el paisaje y las condiciones del ambiente se ponen de acuerdo en esta predisposición (Campbell, 1991, p. 186).

De modo que nuestra aventura en este momento parece ser aquella en la que estamos inmersos ahora. O sea, aquella en la que estamos imbuidos y ocupados, ese problema, dificultad y embrollo del día. Todo el paisaje, ambiente, familia, amigos, dificultades, aliados y enemigos, están allí (o los hemos puesto o elegido para que estén allí) con un solo propósito: vivir nuestra aventura, quizás nuestra Gran Aventura.

Como en La Odisea, nos iremos de viaje para retornar a Ítaca, el lugar del que hemos sido desplazados, porque para el héroe el objetivo final de su viaje será recuperar su perdida armonía. Porque, ¿qué motivación tenía Ulises para hacer su viaje? No es por amor, ni la búsqueda de poder o fama, sino el deseo de volver a su país, a su amada Penélope y, más en profundidad, el deseo de estar en armonía con el cosmos, armonía que valora más que la inmortalidad que le ofrece Calipso para que se quede con ella.

Las pruebas pueden ser de diferente índole, aparentemente fortuitas o buscadas, tales como un nuevo trabajo, la muerte de un ser querido, un viaje, alguna enfermedad grave, un despido, algún fracaso, una nueva familia, una nueva relación, crear un negocio arriesgando todos nuestros ahorros, etc.

10.1 Sobrevivir

Esta primera prueba se refiere a nuestra sobrevivencia, al modo cómo superamos las dificultades básicas de nuestra vida. Se refiere al instinto de supervivencia que podemos localizar en el primer *chakra*. Es la conexión básica con la vida, con la Tierra, con estar de pie en este mundo —y no frente al mundo, pues no se trata de enfrentarse al mundo, sino, de pararse en él (sobre él) y avanzar por nuestro camino, proyectarnos, concretar y manifestar lo terreno. Es el guerrero dispuesto a hacer lo necesario para conseguir lo que desea, aunque no necesariamente a través de una lucha, sino como quien se para en el mundo con la presencia suficiente para abrir cualquier puerta. Es la presencia que vemos en Kanbei, el líder de *Los Siete Samurai*, quien no necesita luchar, pues basta con su presencia.

Aquí el camino del héroe se acerca la senda del guerrero descrita por Chógyam Trungpa, que busca recuperar los principios de lo sagrado, lo digno y lo guerrero en el camino de la valentía, abierto a quien busque una existencia auténtica que trascienda el miedo.

Al hablar aquí del guerrero no nos referimos a hacer la guerra. La agresión no es la solución, sino el origen de nuestros problemas. Aquí, la palabra "guerrero" traduce el tibetano *pawo*, que significa literalmente "persona valiente". En este contexto, la condición de guerrero es la tradición de la valentía humana, la tradición de la intrepidez. (…) La clave del camino del guerrero, y el principio de la visión shambhala, es no tener miedo de ser quienes somos. Esta es, en última instancia, la definición de la valentía: no tenerse miedo a sí mismo (Trungpa, 2008, p. 29).

Intrepidez y valentía que necesitaremos para iniciar el viaje y para enfrentar una a una las pruebas con que nos encontraremos.

El primer *chakra* conecta con la autoestima, la confianza, el poder personal y el de la tribu, ambos fundamentales para nuestra sobrevivencia en un sentido arquetípico, ya que conjugan el poder personal con la fuerza y la identidad grupal.

Al ser el aspecto más básico y terrenal, corresponde entonces también a los instintos, nuestros comportamientos primarios generadores y sostenedores de la vida. De ahí que las partes del cuerpo relacionadas con este *chakra* sean aquellas de la zona inferior: El coxis como la base de la columna, las piernas y pies sobre las cuales nos paramos y caminamos sobre esta tierra.

Cuando esta prueba ha sido realizada, somos personas con un sentido de la estabilidad, tanto física como emocional, seguras, constantes, con gran fortaleza, autosuficiencia y un sentido de pertenencia. Es, así, la prueba que nos permite responder a la pregunta de Rolando Toro: ¿dónde quiero vivir?

El chakra raíz prepara al hombre para cualquier situación que la vida le envíe y también le permite progresar. Le asegura la sensatez y el buen juicio para evitar el peligro, pero también le impulsa a aventurarse y asumir el riesgo.
Está conectado al séptimo chakra, Sahasrara, porque para ascender a otros planos de conciencia es imprescindible un buen enraizamiento (Álvarez, 2010, p. 49).

La sexualidad, en tanto solo instinto de conservación de la especie, también la podemos relacionar con el *chakra* 1.

Los que sufren de desórdenes alimenticios, por ejemplo, los individuos bulímicos, se castigan con sentimiento de culpa y autorrechazo, con el fin de perder cualquier peso ganado.

Cuando este *chakra* está en desequilibrio, la persona tiene inseguridad, baja autoestima y es agresiva, y cae en el papel de víctima. Habrá que hacerlo responsable de su vida para que se haga dueño de ella y de su destino.

Para sanarlo se debe bailar, hacer deporte o pasear por la naturaleza. También podemos rastrear nuestras raíces, la infancia, las vidas pasadas, y contactarse con nuestros ancestros. Incumben las constelaciones familiares (Hellinger) y la genealogía (Jodorowsky).

10.2 Conexión física con el placer, la reproducción y las emociones

Es la prueba de aprender a gozar la vida plenamente, reconociendo el placer como algo fundamental en nuestra vida y como una guía para ir tras lo que queremos.

Es aprender a reconocer y a liberar las emociones, el aprender a vivir con ellas como un vehículo, un instrumento y una guía, ya que a través de ellas podemos saber qué nos gusta y disgusta, pues son fundamentales como herramientas de esta dimensión en esta experiencia en la Tierra. La emoción de alguna manera nos hace seres humanos, y es esa experiencia la que no es común a otros seres, los cuales no sienten emociones. Esta prueba nos ayuda a conectarnos para responder a la pregunta de Toro: ¿con quién quiero vivir?

Desde el *chakra* 2 nos relacionamos con el mundo, las personas y la vida desde lo que sentimos, desde nuestras emociones. Entonces, el trabajo o desafío será superar los bloqueos y problemas de tipo emocional, conmigo y los otros. El segundo *chakra* también está relacionado con la sexualidad, la que siempre podemos vivir conectados al *chakra* 1, o sea, desde la sobrevivencia, o conectada con el *chakra* 4, del corazón: ya sea como un vehículo para apenas sobrevivir, o para elevarnos.

De una manera similar al *chakra* 1 y 7, el *chakra* 2 se conecta con el 6, de manera de realizar la unión alquímica entre masculino y femenino, y mente y emoción; entre lo que hacemos o pensamos y cómo nos sentimos (Álvarez, 2010).

En la vida aprendimos a no sentir, a no conectarnos con lo que nos pasaba, nadie nos escuchaba, nadie respondía, nadie nos confortaba; y nuestro cuerpo, a la larga, nos pasaba la cuenta.

Tenemos que aprender a escuchar el cuerpo, ¿qué estamos sintiendo ahora? Y así, conectados, entrar en lo sensorial.

A través de tiempos inmemoriales la idea del cuerpo ha sido asociada al dolor, a la enfermedad y al sufrimiento. Esta visión determina actitudes y estilos de vida conformistas y dependientes. El temor al sufrimiento sólo se vence desarrollando la capacidad de placer. Hasta tal punto está desprestigiado el placer, dentro de la escala de valores convencionales, que para muchos es sinónimo de superficialidad, frivolidad o materialismo. Sin embargo, no hay placer verdadero que no provenga de la profundidad y del ímpetu natural de la vida (Toro, 2005d, p. 5).

Y aquí la lista de placeres que nos sugiere seguir:

- Bañarse con temperatura adecuada, usando jabones suaves.
- Sentir el contacto con las toallas.
- Caminar sobre el césped, en la arena de la playa, en una alfombra o por la calle, con zapatos cómodos y agradables.
- Sentir el agrado de respirar.
- Sentir gusto al beber agua, comer frutos, beber jugos, etc. (todos aquellos placeres a que se refería André Gide en *Los Alimentos Terrestres*).
- Sentir las caricias como las describe el *Kamasutra*, el *Ananga Ranga* o *El Arte de Amar* de Ovidio.
- Recibir un masaje suave y armonizador.
- Acostarse a dormir.
- Levantarse.
- Hacer un trabajo creativo.
- Contacto con personas queridas y encantadoras.

(Toro, 2005d, p. 6).

Rolando Toro enumera los efectos de las caricias en el cuerpo:

Efectos de las caricias sobre la autorregulación:
☐ Cambio de los umbrales de repuesta límbico-hipotalámica.
☐ Armonización de la balanza simpático-parasimpático (equilibrio neurovegetativo).
☐ Compensación de los sistemas ergotrópico y trofotrópico.
☐ Elevación de la homeostasis.
☐ Elevación de la termorregulación.
Efectos de la caricia sobre los órganos:
☐ Activación de las funciones sexuales.
☐ Aumento de las hormonas sexuales por acción gonadotrópica.
☐ Reactivación genital.
☐ Activación y facilitación de los procesos de fecundación y gestación.
☐ Activación del sistema cardiorrespiratorio.
☐ Disolución de tensiones motoras crónicas de defensa.
☐ Revitalización de los órganos: piel, músculos, arterias, venas, corazón, aparato digestivo, aparato urinario (vía neurovegetativa).
☐ Efecto reforzador del sistema inmunológico.
☐ Regulación del desenvolvimiento en el niño (Spitz).
☐ Efecto sedativo sobre los órganos.
☐ Estimula la sensibilidad de la piel (vías centrípetas).
Efectos de la caricia sobre el fondo endotímico:
☐ Elevación del ánimo (humor).
☐ Estabilización de la curva del ánimo: colorido y riqueza.
☐ Aparición de sentimiento de euforia vital, levedad, sensaciones epifánicas.
☐ Efecto antidepresivo.
Efectos sobre el instinto:
☐ Aumento del deseo sexual y de la capacidad de excitación.
☐ Aumento de la potencia sexual.
☐ Facilitación de la capacidad de orgasmo.
☐ Transformación de los mecanismos de defensa. Disminución de la represión sexual.
☐ Reforzamiento del instinto de supervivencia.
☐ Efectos afrodisíacos.
☐ Necesidad de hogar (instinto de nido).
Efectos sobre emociones y sentimientos
☐ Aumento de la autoestima.

185

☐ Revalorización y amor al propio cuerpo.

☐ Integración afectivo-sexual.

☐ Potencia e intensidad afectiva.

☐ Emociones integradoras: ternura, amor, alegría.

☐ Capacidad para dar y recibir afecto.

☐ Amor comunitario. Interés por las actividades que refuerzan los patrones de vínculo.

☐ Efectos ansiolíticos (descenso del nivel de ansiedad).

☐ Reconocimiento y asunción del "fetiche".

Efectos de la caricia sobre la percepción y la conciencia:

☐ Percepción más esencial del mundo y del semejante.

☐ Expansión de conciencia.

☐ Elevación de la conciencia ecológica.

☐ Reforzamiento de la identidad.

☐ Percepción integrada de sí mismo.

☐ Conciencia comunitaria.

Efectos de la caricia sobre la existencia:

☐ Prioridad del sentimiento en el desarrollo del proyecto existencial.

☐ Introducción de factores hedónicos en el estilo de vida.

☐ Sentimiento de felicidad.

☐ Desalienación.

☐ Equilibrio de los componentes del estilo de vida (ergo, trofo y gonadotrópico).

☐ Sentimiento de libertad.

☐ Aumento de consistencia existencial

(Toro, 2005c, pp.17-18).

10.3 Hacer y crear

Esta prueba corresponde a realizar nuestra misión, dejar nuestro legado en el hacer, como realizadores en este planeta, en esta vida, en esta dimensión. Es el rey que actúa, ordena, realiza, a través de la acción directa sobre el mundo, viviendo en prosperidad. Vivir esta prueba es desarrollar nuestra voluntad y aprender a dirigir nuestra vitalidad, nuestra energía, con un fin, para realizar nuestro propósito en esta vida, respondiendo a la pregunta de Rolando: ¿qué quiero hacer en la vida?

Una persona con el tercer *chakra* fuerte, sabrá que su vida en este planeta, y la calidad de ésta, dependen de lo que haga, de lo que se proponga y logre, de lo que pueda formar, dirigir y desarrollar. Tendrá una confianza profunda y una voluntad en conexión con sus sentimientos, los que serán una base y guía para lograr sus metas, concentrado en las cosas que puede modificar y con las personas que vibran con su misma energía positiva, que engrandecen y expanden el bienestar. Esta experiencia de expansión tiene como objetivo salir de nuestro aislamiento y de nuestra soledad, y para que esto ocurra, en esta prueba nuestro pensamiento debe ir hacia fuera y no hacia adentro. Por otro lado, las personas negativas y reactivas estarán siempre llenas de "no" y preocupaciones "realistas", centradas en las debilidades y defectos: en los problemas y todo aquello que justifique su fracaso y su miedo.

La prueba de este *chakra* corresponde a la realización material y profesional, a la autoafirmación de nuestro poder personal.

Un aspecto de "estar bien" es la capacidad de manifestación. Aquel que logra manifestar "lo que quiere" es alguien conectado. Y podemos estar conectados en más de un nivel. Es decir, según el *chakra* con el que nos identifiquemos y conectemos, será el tipo de manifestación que lograremos. Alguien muy alineado con el *chakra* 3 estará fuertemente conectado con el hacer, con los logros materiales, con la manifestación de obras materiales en este mundo, en estas tres dimensiones.

10.4 Conexión con el corazón y nuestra identidad: el Ser

La fe, el amor y volar dependen de la relación que se puede crear solo mediante un acto de confianza que requiere correr el riesgo de caer al vacío. (Keen, 1999, p. 76)

Corresponde a la conexión con el corazón, y también con nuestra identidad y la capacidad de encontrar el sentido de nuestras vidas. Es la puerta de entrada a información superior –por un lado– y también al cuerpo –por el otro.

También corresponde al amor, la conexión y el encuentro con otro; más aún, la pareja, el camino de a dos, el aprendizaje de la pareja. El *chakra* 4 del *yo Soy*, también lo es del amor, ya que, como decía Rolando Toro, *soy en presencia del otro*, la expresión del Ser en este mundo se realiza en el amor. De modo que tiene la otra parte de la respuesta de "con quién quiero vivir".

Se refiere a la prueba de aprender a elegir, asumiendo mi derecho divino de vivir en base a mis preferencias. De modo que si soy yo el que escojo y decido, soy también el responsable de mis decisiones y elecciones. Y asumo esa responsabilidad. Este último punto es relevante, pues muchas veces nos gusta elegir sin asumir las consecuencias. Es el "preferencias y consecuencias" que aprendí con Harold Moskovitz. Es el gran regalo de los dioses, nuestro derecho y capacidad de poder elegir, el libre albedrío, la libertad.

Esto implica algo mucho más que decidir dónde trabajo y de qué me alimento; si nuestras acciones nacen de decisiones internas, entonces como seres humanos pasamos a ser responsables de nuestras propias vidas, de todo cuanto ocurre en nuestras vidas. Así, no hay un solo hecho del día de hoy que no sea una consecuencia de mis actos, pensamientos y emociones del pasado. Y ese futuro del que tanto nos preguntamos y por el cual consultamos a pitonisas, no será más que aquel que hoy en este momento estoy construyendo. Pregúntate qué estás construyendo con tus actos ahora.

Parte del desafío será vaciar la mente para dejar que la sabiduría del corazón nos guíe, y así experimentar el verdadero conocimiento.

Desde el *chakra* 4 se siente la llamada interna, que es la necesidad imperiosa que sentimos, en algún momento de nuestras vidas, de encontrarle respuesta a nuestras dudas: es allí donde reside la fuerza que nos impulsa a buscar nuestras verdades, donde sentimos el llamado que nos urge a dejar la rutina y su comodidad. Es el despertar del yo, que constituye la llamada más auténtica y más profunda que puede recibir un ser humano en el transcurso de su vida.

Nuestra disposición a dar el paso, a seguir el llamado, dependerá de nuestra fortaleza interna, tantas veces dañada por el rechazo y la humillación, por el no ser reconocidos ni venerados en el respeto a nuestra vida e individualidad. Haber recibido poco amor –así creemos–, o sentirnos no amados, criticados y desvalorizados.

Desarrollamos entonces una fuerte autocrítica y una baja autoestima. Seguramente aprendimos a amarnos a nosotros y a los otros rodeados de temor, porque dejamos de ser el centro del universo y no somos capaces de reconocer nuestro valor. Estaremos continuamente necesitando de la aprobación de los otros, volviéndonos posesivos y egoístas. Quizás también fuimos descuidados o abusados, de modo que nuestras relaciones serán difíciles y asociadas al dolor y el miedo. En resumen, viviremos constantemente con miedo a no ser amados.

Este es el *chakra* que nos divide o separa entre los *chakras* llamados superiores y los inferiores, entre lo espiritual y lo material. Es nuestro lugar del sentimiento, donde deben estar en equilibrio las emociones con la mente, lo espiritual con material, el cielo con la tierra, lo de 'arriba' con lo de 'abajo'.

Desde el *chakra* 4 alguien 'manifestará' conectado con su Ser, es decir, desde el Ser y este mundo. Su manifestación llevará a la realización de su Ser.

¿Y por qué manifestamos con uno u otro *chakra*? Lo que no logramos, se topa con algún pero. Y un pero es un miedo La manifestación en tres dimensiones es una demostración del nivel en que estamos. En un nivel máximo pensamos y se realiza. Lo no realizado y deseado son nuestras frustraciones y dolores, así como nuestra falta de coherencia.

El psiquiatra judío Viktor Frankl describe en su libro *El hombre en busca de sentido,* que los que sobrevivían en los campos de concentración no eran los más fuertes, sino aquellos que tenían una razón última para vivir, para seguir adelante, que tenían futuro. Cualquier cosa: ver a su mujer, viajar a un lugar soñado, publicar un ensayo, etc. Con este descubrimiento concluye que la fuerza del sentido de nuestras vidas constituye la principal fuerza de todas las personas (Frankl, 1991). Así, el compromiso con algo no solo da un sentido a nuestra vida, sino, da respuesta a nuestro vacío existencial. "El compromiso hacia algo que te trasciende da un sentido a tu vida y te hace sentir tu grandeza como persona" (Jericó, 2010).

10.5 Expresarnos, comunicarnos

Este *chakra* expresa nuestra verdad, nuestro sentir, nuestros deseos. El *chakra* 5 rige el poder de la palabra, la capacidad de auto sanarse uno mismo a través de su propia voz o sonido. El quinto *chakra* representa la capacidad de poder expresar nuestros sentimientos con la palabra.

El correcto funcionamiento de este *chakra* es muy importante, ya que al estar bloqueado hay una concentración o falta de energía que ocasiona que se cierren los vasos sanguíneos y nerviosos. El bloqueo de este *chakra* es típico de personas que se "tragan" la rabia y que no saben decir "no", tienen problemas de comunicación, cuerdas vocales dañadas, pólipos, afonía, dolores de cabeza, garganta, tensión en el cuello, insomnio.

El quinto *chakra* también corresponde a nuestro centro creativo, en el ámbito de ideas que se manifestarán a través de la palabra.

La esencia de este *chakra* está en el pensamiento claro, ya que, partiendo de pensamientos claramente formulados, conseguimos expresarnos con claridad y seguridad.

10.6 Ver, conocer, entender

Este *chakra* corresponde a la capacidad de ver la luz, la verdad, a la habilidad de despertar al alma para ver nuestras vidas en un contexto más amplio y verdadero.

El sexto *chakra* corresponde a nuestra claridad mental y espiritual, a la intuición y la clarividencia, a la capacidad de ver. Conectamos con él para desarrollar nuestra misión en esta vida.

Este *chakra* corresponde al conocido *Tercer Ojo*, y es donde creamos con imágenes, y visualizando o imaginando de forma creativa, generando salud y bienestar. Cuando realizamos este *chakra* es cuando se hace realidad o carne eso de "que somos lo que creamos", y creamos lo que creemos. Y eso es lo que decimos. La palabra crea realidad.

10.7 Realización espiritual

> *En un abrir y cerrar de ojos entendí visceralmente que la eternidad se haya presente en cada momento, si tan solo supiera encontrarla.*
> (Sam Keen, 1999, p. 223)

Es la gran prueba de conocer y conectar con la Totalidad. Parte de nuestra condición de humanos es haber olvidado nuestro origen divino, por lo que realizar esta prueba no es más que "recordar" nuestro origen divino. Re-conocer a Dios, recuperar la conexión con lo divino, la trascendencia. Corresponde a la experiencia mística, de unicidad, de unión con dios, al *nirvana*, la consciencia cósmica, el *satori*, la liberación, el sentimiento oceánico y muchas más formas de nombrarlo.

El filósofo alemán Rudolph Otto dijo que nuestra confrontación con esa realidad última dentro de la que vivimos, nos movemos y tenemos nuestro ser (que, a falta de un nombre mejor, llamamos Sagrado) es siempre un misterio que evoca tanto fascinación como miedo (Keen, 1999, p. 63).

Este *chakra* nos conecta directamente con el Ser Superior, y es el canal por el que fluye a nuestro cuerpo la energía superior. Una de sus grandes pruebas será la de trascender el miedo a la muerte y aceptar que no necesitamos aprender a través del sufrimiento ni de las enfermedades, ya que somos seres de luz habitando un cuerpo físico en tres dimensiones, conectados a la Fuerza que nos guía y nos protege.

Al contestar el llamado de lo eterno, los héroes descubren el coraje de vivir y al mismo tiempo el punto inmóvil. "No es necesario ir a Both-Gaya para encontrar el punto inmóvil. Lo tenemos aquí mismo, si es que lo tenemos. ¿Y qué es? Es el punto que no es movido por el deseo y el miedo" (Campbell, 2000, p. 119).

Cualquier crecimiento espiritual está basado u ocurre según el ciclo básico que hemos visto: nacimiento, muerte y resurrección. Y el nacimiento, la muerte y la resurrección son como las estaciones. El nacimiento es la primavera. Las semillas de la búsqueda espiritual aparecen como el deseo de más contacto con lo espiritual; la gente busca guía, paz, libertad, amor o sanación. El proceso de viaje del héroe es abrirse al despertar del espíritu. Y en el verano, el espíritu crece y madura, y aparece la Sombra; el calorcito del verano también trae consigo la Sombra. Mientras la "experiencia espiritual" no sea más que una idea y un sueño, no es necesario enfrentar nuestras Sombras. Y después del verano, viene el otoño y ese es el momento de dejar ir lo innecesario y quedarse con lo realmente importante. Y después de dejar ir lo innecesario, has alcanzado una madurez. Y te preparas para otro ciclo: nuevos anhelos y una nueva primavera. Es la historia que nunca acaba, una historia escrita múltiples veces (Dilts y McDonald, 1997).

El príncipe ha de salvar a la princesa en los cuentos de hadas, lo cual tiene un simbolismo muy bello. El *ánimo* ha de llegar al *ánima*, (…) lo que quiere decir que la fuerza ha de encontrarse con la fragilidad, al igual que el día ha de hacerlo con la noche y viceversa. Solo cuando se aceptan dichas dualidades se alcanza la potencia heroica (Jerico, 2010, cap. 6).

11. Biodanza y un taller para hacer nuestro viaje

> *Yo no creería más que en un dios que supiese bailar.* (Nietzsche, 2003, p. 74).

> *Vosotros hombres superiores, esto es lo peor de vosotros: ninguno habéis aprendido a bailar como hay que bailar - ¡a bailar por encima de vosotros mismos!* (Nietzsche, 2003, p. 400).

> *Lo que cambiará tu vida no será el saber más sino las decisiones que tomes y las acciones que emprendas...* (Jericó, 2010).

En la introducción de *El poder del mito*, Bill Moyers cuenta una de las anécdotas que dice ser una de las favoritas de Campbell:

Estaba en Japón asistiendo a un congreso internacional sobre religión, y oyó que otro delegado norteamericano, un filósofo social de Nueva York, le decía a un sacerdote sintoísta: "Hemos presenciado muchas de sus ceremonias y hemos visto bastantes templos. Pero lo que no capto es su ideología. No capto su teología". El japonés hizo un silencio, sumido en profundos pensamientos, y después sacudió la cabeza. "Creo que no tenemos ideología", dijo. "No tenemos teología. Bailamos". Y eso fue lo que hizo Joseph Campbell. Bailó, con la música de las esferas (Campbell y Moyers, 1996, pp. 23-24).

En nuestra sociedad contemporánea la danza se ha convertido en una forma de ejercicio o en algo recreacional, perdiendo su significado espiritual, su sacralidad. El sexo y las plantas de poder también perdieron su carácter sagrado. Antiguamente eran pasajes o rituales que tenían como propósito el conectarnos con realidades superiores; hoy solo aportan placer, diversión e, irónicamente, una forma de escapar de "la realidad". Esta pérdida de sacralidad del mundo, de la vida, de todo lo que hacemos, nos deja vacíos y carentes de sentido por la vida, sin un propósito claro y definido; y la vida, cuanto más vacía, más pesada se hace. Para combatir esto nos atiborramos de experiencias cada

193

vez más fuertes y peligrosas, de modo que el umbral del placer es cada vez más y más alto.

La propuesta de biodanza es recuperar la sacralidad de la vida, y con ello el sentido y el propósito de nuestras acciones –nuestro objetivo. Para ello, reaprendemos a soltar el control, para entrar en el estado de no-mente, de vacuidad. El asunto es cómo accedemos a ese estado.

El trance y la meditación son vehículos que nos mueven al estado de no-mente. Cuando meditamos nos sentamos en silencio hasta que la mente se vacía; luego el espíritu pue-de aparecer. El trance funciona parecido, excepto que la puerta es distinta. En biodanza lo hacemos a través del ritmo, del sonido, del movimiento y del otro, accediendo al trance a través de la danza. Entramos en la danza con una intención. La intención invita al espíritu y le da dirección a nuestra danza. Darle un sentido y un propósito a lo que hacemos re-direcciona nuestra mente-cuerpo, originándose una serie de experiencias sanadoras que van modificando nuestra danza en una continua retroalimentación.

La danza es creada por la conciencia, por la emoción del momento. Es irrepetible. Es única. Es instante vivido. Es vivencia pura. En la danza damos forma exterior a una experiencia interna, fundiéndose de esa manera ambas experiencias: la interior y la exterior. Es la expresión más auténtica de nuestro ser, ya que en ella nos mostramos por completos: movimiento lleno de emoción se expresa, las personas se muestran al mundo. En la danza se conjugan el creador y lo creado, con una característica relevante: a través de la danza el creador es recreado, es transformado, cambia. En un proceso continuo, el creador danza expresando su ser, para, con ese movimiento, transformarse. Quien termina la danza no es nunca el mismo que inició la danza.

La danza es una manera de acceder a experiencias espirituales de profunda conexión con nosotros, los demás y el universo. Danzar es permitir que el ritmo interior comience a emerger, generando los impulsos que nos guiarán en este camino de autoconocimiento. Si escuchas tu ritmo interior y te dejas guiar por él, empezaremos a sentirnos vivos y con ganas de hacer algo con esta vida. Con ganas de expresarte, de moverte y de vivir intensamente.

Y, como la danza refleja nuestra vida, cómo somos y vivimos, a medida que cambia, mi danza cambia mi vida. En una primera etapa tomaremos consciencia de cómo danzamos, y luego, de cómo nos movemos en la vida, para ir descubriendo dónde estamos, y enseguida, qué deseamos. Modificando nuestra danza vamos modificando nuestra vida. A lo largo del tiempo, el cambio es significativo e importante: nos sentimos más contentos, más llenos de vida y energía, más afectuosos con nuestros seres queridos, más gentiles, abiertos y espontáneos.

Con el tiempo llegaremos a sentir la conexión entre nuestro movimiento y la danza cósmica. Realizaremos que nuestra danza no es individual, sino universal, que nuestra danza no es nuestra, sino del universo completo, que nuestra vida viene de otra parte. Al entregarnos a la danza no hacemos más que entregarnos a la gran danza cósmica.

Danzando entraremos en profunda conexión e intimidad con nosotros mismos. Conectaremos con nuestros sentidos, nuestro cuerpo, nuestras emociones, nuestros deseos, nuestro corazón. Y, con nuestros temores. Finalmente, aprendiendo a entregarnos, a dejarnos ir, habiendo perdido el temor de conectar y ver nuestros misterios, nuestra maravilla y, también, nuestro lado oscuro, conectaremos con nuestra alma.

Para algunos esto es un milagro, y sentirán que sus vidas se vuelven cada vez más hermosas y llenas de vida; pero para otros, este será el momento de volver las espaldas, sin querer ver. Es que la luz demasiado brillante enceguece, y no sabemos exactamente qué ocurrirá.

Aquí es cuando aparece el coraje. Como dice Gabrielle Roth: "Después de saltar y antes de aterrizar está Dios. Y así es como siento y actúo en el mundo. ¡Salto!" (1990, p. 244). Atreverse a saltar requiere una valentía poco usual.

El Viaje del Héroe es un rito de pasaje, de transformación, que nos eleva de la dimensión puramente personal para conectarnos con nuestra realidad espiritual.

El Viaje del Héroe es una oportunidad para seguir nuestro llamado interno. El héroe no es una estructura arcaica procedente de una época paternalista, ni una imagen masculina; es un aspecto de la naturaleza humana, el aspecto que oye el llamado de la identidad profunda y responde a él. El héroe es quien escucha el llamado y lo acepta, iniciando su transformación por un camino donde el tiempo cronológico y la eternidad se entremezclan. Nuestra vida diaria es iluminada por lo eterno.

Hoy este llamado nos convoca no sólo como individuos, sino como especie planetaria. Nuestra sociedad atraviesa una transformación completa, pues ya comprendemos que nuestro modo de vivir no tiene sentido y no satisface nuestra real vocación humana.

Las etapas de este Viaje nos llevarán por un camino donde viviremos la *separación* de nuestro grupo y hacer cotidiano, algo se quiebra; pasaremos varias *pruebas* en una iniciación o tránsito a un nuevo nivel; y, finalmente, *retornaremos* al grupo con el *don* obtenido en el Viaje.

A partir del modelo de Campbell, Vogler y Dilts hemos creado un ritual chamánico de biodanza destinado a conducir a un grupo de personas a través de un rito de paso o el arquetipo de la transformación, generando un itinerario, que pasa por las distintas etapas y pruebas. Así, el viaje del héroe se deviene en una posibilidad de vivenciar nuestra historia de transformación dentro de un marco ritual.

La esencia de este taller es preguntarnos cómo vivir una vida más significativa. ¿Cuál es la verdadera vida que estamos llamados a vivir y cómo podemos responder este llamado? Se trata de un viaje de descubrimiento para todos los que creen que pueden y quieren ir más allá en sus vidas.

Gilligan y Dilts (2009, pp. 8-9) cuentan cómo en Togo (un país de África Occidental) se asume que cuando un niño nace viene del mundo espiritual, ya que el espíritu ha

196

elegido este momento, esta familia, esta cultura, para nacer, porque trae un regalo específico para el mundo. De esa misma manera, además de este regalo que ofrecer, el espíritu también tiene una herida que sanar, una doble misión en este mundo. Y estos dos elementos estarán siempre presentes como dos poderosas influencias en nuestras vidas: en nuestras relaciones, nuestra vida profesional, nuestra salud, en nuestro desarrollo personal. Siguiendo esta historia en este viaje conectaremos con los que llamaremos nuestros regalos y nuestras heridas, de modo de compartir nuestros dones y sanar nuestras heridas.

En esencia, toda vida humana es el recorrido del camino del héroe. Toda vida tiene la posibilidad de conectar con el llamado, de enfrentar las pruebas para volver renovados con nuestro regalo. Toda una vida para expresar el espíritu y ofrecer su regalo, contar su bella historia, cantar su bella canción, danzar su danza de vida; a veces solos, y otras acompañados por personas y seres que a veces ni sabemos que están junto a nosotros.

Cuando tomamos una estructura arquetípica y la vivimos en el aquí y ahora, nuestra vida diaria es iluminada por lo eterno. Esto genera la posibilidad de un intercambio entre las dos dimensiones: se abre una puerta a través de la cual el mundo de los arquetipos puede ingresar en nuestra vida, aportándole nueva energía. Esta interpenetración de los dos mundos, actualizando nuestros arquetipos, es la esencia del trabajo de chamanismo propuesto en el taller. Se propone un ritual que nos eleva de la dimensión puramente personal de nuestra experiencia, a lo universal, reconectándonos con las realidades espirituales sin las cuales la vida se convierte en un páramo.

Y como cada persona y experiencia que aparecen en un mito no es más que una faceta de nosotros mismos, vivenciando (a través de la danza), en cada uno de ellos estaremos abrazando nuestra experiencia desde todas sus facetas.

De alguna manera el facilitador de esta experiencia se transforma en:

... el maestro moderno del reino mitológico, el conocedor de todos los secretos caminos y de las palabras que invocan a las potencias. Su papel es precisamente el del sabio viejo de los mitos y de los cuentos de hadas, cuyas palabras servían de clave para el héroe a través de los enigmas y terrores de la aventura sobrenatural. Él es quien aparece y señala la brillante espada mágica que ha de matar al dragón, quien habla de la novia que espera y del castillo donde están los tesoros, el que aplica el bálsamo curativo a las más mortales heridas y finalmente despide al conquistador, de regreso al mundo de la vida normal, después de la gran aventura en la noche encantada (Campbell, 1999, p. 16).

Uno de los beneficios de seguir este camino es la sensación de sentirnos vivos en el mundo. Y con este beneficio hay un costo. Donde hay luz, hay también oscuridad, y vivir una vida plena significa conectar con ambos, la luz y la oscuridad.

Uno de los temores básicos del hombre es el temor a los estados mentales inusuales o alterados. Nosotros sabemos que una de las mejores maneras de superar una situación difícil, conflictiva, limitante, es vivir la experiencia en una situación segura, de modo de internarnos en ella y (lo que es más importante) dejarla atrás. Mediante la danza llevada al trance, entraremos en el vértigo del éxtasis. Si agregamos el poder del grupo, donde cada uno apoya el crecimiento del otro en el recorrido de su camino, la experiencia es aún más poderosa.

Como una herramienta importante usaremos la música con tambores. Los tambores tienen como propósito que aprendamos el hábito de sincronizar nuestra vibración interna con el poder externo. Los tambores modifican nuestra conciencia, nuestra vibración –y así, nuestro flujo de energía– permitiendo que entremos en el flujo de energía universal. Los tambores nos sacan de la conciencia ordinaria, permitiéndonos el paso a la "conciencia no ordinaria"; nos sacan del continuo espacio-tiempo, del mundo exterior, empujándonos a lo desconocido. Los tambores nos sacan del yo individual y nos transportan al Ser Universal.

Un cambio se produce poniendo alegría en nuestras células y entrando en éxtasis. En el éxtasis dejamos la realidad ordinaria. El éxtasis como un estado de alegría, arrobamiento y a veces de enajenación. El éxtasis para experimentar la conciencia cósmica, la unicidad, la experiencia cumbre, el *nirvana*, el *satori*, la iluminación, la experiencia mística.

El éxtasis –en definitiva– como el propósito de hacer este Camino, como uno de los dones o recompensas que nos traeremos de vuelta para nuestras vidas "ordinarias", haciendo realidad que lo profano es sagrado.

Esta vida cambiante es lo que trae a Zarathustra lágrimas de alegría, y canciones para ser cantadas.

Y él hace su declaración central:

Sólo creería en un Dios que sepa bailar.

No necesita otro argumento, no necesita ninguna otra evidencia, ninguna otra prueba. Todo lo que desea saber es: ¿Tu Dios puede bailar? ¿Tu Dios puede amar? ¿Tu Dios puede cantar? ¿Tu Dios puede correr detrás de las mariposas? ¿Tu Dios puede juntar flores silvestres y disfrutar con lágrimas y canciones? Entonces está listo para aceptar a ese Dios, porque un Dios así será representativo de la vida, un Dios así no será otra cosa que la vida misma (Osho, 2000, p. 145).

Y agrega:

Zarathustra es el único de los grandes maestros del mundo que no está en contra del cuerpo, sino a su favor. Todos los otros maestros se oponen al cuerpo y razonan que el cuerpo es un impedimento para el crecimiento del alma, que el cuerpo es una barrera entre lo divino y tú. Esto es pura insensatez (Osho, 2000, p. 122).

Gurdjieff crea el Cuarto Camino como un sistema para despertar, en oposición a los caminos del monje, del yogui y del faquir. En el Cuarto Camino no se exige que uno se retire del mundo ni que abandone todo por lo que se ha vivido, sino, por el contrario, es necesario estar preparado para entrar en él, preparación que se adquiere en la vida ordinaria, de modo de usarla tanto en la vida exterior como en la vida interior.

Me atrevo a mencionar la biodanza como un quinto camino, donde no es necesario pasar una prueba para entrar, ni tener preparación alguna, donde no se habla de estar en una prisión del mundo ordinario, sino de abrazar el mundo para convertirlo en un paraíso. No es necesario retirarse, sino abrazarlo en toda su plenitud. Es lo que hacemos con el Minotauro: no lo matamos, lo abrazamos. Una clase de biodanza es una ceremonia. Una ceremonia de encuentro, de conexión conmigo, con los otros y el universo.

Una ceremonia se vuelve un ritual cuando nos involucramos por completo en un acto no racional y arcaico. Cuando nuestra razón queda de lado y nuestras acciones dejan de ser actos cognitivos; de hecho, apenas necesitan de la conciencia para ser ejecutados.

Cuando danzamos…

La risa te devuelve tu energía. Cada fibra de tu ser se vuelve viva y cada célula de tu ser comienza a bailar.

Zarathustra está en lo cierto cuando dice que el pecado más grande en contra del hombre hecho sobre esta Tierra es que se le ha prohibido reírse. Las consecuencias son profundas, porque cuando se te prohíbe reírte, se te prohíbe ser dichoso, se te prohíbe cantar una canción de celebración, se te prohíbe bailar por pura dicha.

Al prohibir la risa, todo lo que es hermoso en la vida, todo lo que hace adorable vivir, todo lo que da significado a la vida, es destruido. Es la estrategia más horrible usada en contra del hombre.

La seriedad es un pecado. Recuerda, seriedad no significa sinceridad, la sinceridad es un fenómeno completamente diferente. Un hombre serio no puede reír, no puede bailar, no puede jugar, está siempre controlándose. Ha sido educado de tal manera que se ha tornado un carcelero para sí mismo.

El hombre sincero puede reír sinceramente, puede bailar sinceramente, puede regocijarse sinceramente. La sinceridad no tiene nada que ver con la seriedad.

La seriedad es simplemente una enfermedad del alma (Osho, 2001, p. 211).

Osho a veces decía cosas duras, difíciles. Un ejemplo:

El día en que el hombre se olvide de reír, el día en que el hombre se olvide de ser juguetón, el día en que el hombre se olvide de bailar... no será más un hombre, habrá caído en una especie subhumana.
El ser juguetón lo hace liviano, el amor lo hace liviano, la risa le da alas. Bailando con alegría puede tocar las estrellas más lejanas, puede conocer los secretos mismos de la vida. (Osho, 2001, p. 216).

Y también:

O tal vez podría haber bailado olvidándose de todas las buenas maneras, olvidando todas las etiquetas de su corte. Si hubiese bailado en abandono, si hubiese bailado hasta tal extremo en que el bailarín desaparece y sólo la danza permanece... (Osho, 2001, p. 209).

Otro elemento a trabajar será la imaginación, y con ella, la capacidad de soñar. De soñar nuestra vida como la queremos vivir, es decir, conectados con nuestro corazón, que es quien sabe.

En resumen, aprenderás a quererte y cuidarte; a sentir y promover emociones positivas, a meditar, a estar contigo íntimamente, a amar el silencio, a mirar a los ojos al otro, a conectarte en silencio, a gozar de los pequeños placeres, al mismo tiempo que se refuerza la confianza en las fuerzas de autorregulación.

12. Caminos con corazón

Un camino sin corazón nunca es agradable. Hay que trabajar duro tan sólo para tomarlo. En cambio, un camino con corazón es fácil: no te hace trabajar por tomarle el gusto. (Castaneda, 1968, p. 158, trad. propia)

Muchas serán las elecciones que haremos en nuestro viaje. Muchas han sido las que hemos hecho hasta ahora. ¿Y con qué base hemos elegido y decidido? ¿Con base en lo que nos han dicho y enseñado? ¿Según aquello para lo cual fuimos preparados y adiestrados? ¿A la tradición familiar? ¿O, quizás, con base en lo que mi corazón me dictó, según lo que sentía, quería y amaba? O una mezcla de las dos. O quizás nunca lo pensé. De todas formas, muchas veces he decidido aceptar y rechazar el llamado.

¿Y cómo saber cuándo estoy en el camino del héroe? ¿Cómo saber que estoy frente a un desafío significativo en mi vida? ¿Cómo saber qué camino elegir? ¿Cómo saber qué hace que algún hecho sea significativo en mi vida? Una manera muy precisa de hacerlo nos la da Don Juan, el indio Yaqui que llevó a Castaneda por su viaje, al hablarle de los caminos con corazón.

Para mí sólo recorrer los caminos que tienen corazón, cualquier camino que tenga corazón. Esos recorro, y la única prueba que vale es atravesar todo su largo. Y ahí yo recorro mirando, mirando, sin aliento (Castaneda, 1974, p. 182, trad. propia).

¿Y cuándo un camino tiene corazón?, pregunta Castaneda. Don Juan responde:

… debes tener siempre presente que un camino es sólo un camino; si sientes que no deberías seguirlo, no debes seguir en él bajo ninguna condición (…) un camino es nada más un camino, y no hay afrenta, ni para ti ni para otros, en dejarlo si eso es lo que tu corazón te dice… Mira cada camino de cerca y con intención. Pruébalo tantas veces como consideres necesario. Luego hazte a ti mismo, y a ti solo, una pregunta…

203

¿tiene corazón este camino?... Si tiene, el camino es bueno; si no, de nada sirve. Ningún camino lleva a ninguna parte, pero uno tiene corazón y el otro no. Uno hace gozoso el viaje; mientras lo sigas, eres uno con él. El otro te hará maldecir tu vida. Uno te hace fuerte; el otro te debilita (Castaneda, 1974, pp. 106-107, trad. propia).

Así, un camino te da poder, energía y vida, mientras que otro te enferma. Y Castaneda sigue preguntando:

–Pero, ¿cómo sabe usted cuándo no tiene corazón un camino, don Juan?
–Antes de embarcarte en cualquier camino tienes que hacer la pregunta: ¿tiene corazón este camino? Si la respuesta es no, tú mismo lo sabrás, y deberás entonces escoger otro camino.
–Pero ¿cómo sé de seguro si un camino tiene corazón o no?
–Cualquiera puede saber eso. El problema es que nadie hace la pregunta, y cuando uno por fin se da cuenta de que ha tomado un camino sin corazón, el camino está ya a punto de matarlo. En esas circunstancias muy pocos hombres pueden pararse a considerar, y más pocos aún pueden dejar el camino.
–¿Cómo debo proceder para hacer la pregunta apropiada, don Juan?
–Pregunta nada más.
–Lo que quiero decir es, si hay un método indicado para que yo no me mienta a mí mismo y crea que la respuesta es sí cuando en realidad es no.
–¿Por qué habrías de mentir?
–Tal vez, porque en el momento el camino es agradable y me gusta.
–Esas son tonterías. Un camino sin corazón nunca es disfrutable. Hay que trabajar duro tan sólo para tomarlo. En cambio, un camino con corazón es fácil: no te hace trabajar por tomarle gusto (Castaneda, 1974, p. 158, trad. propia).

De esta manera elegimos un camino con corazón, lo seguimos, y, si sentimos que ya no nos llena de alegría y gozo como antes, nos volvemos a hacer la pregunta, cuya respuesta quizás nos lleve por otro camino.

Hace unos años te dije que en su vida del día a día un guerrero elije seguir un camino con corazón. Es la elección consistente del camino con corazón lo que hace a un guerrero diferente del hombre común. Él sabe que un camino tiene corazón cuando él es uno con él, cuando experimenta una gran paz y placer en recorrerlo (Castaneda, 1974, p. 224, trad. propia).

13. El miedo

Todo el mundo tiene que pasar por la noche oscura antes de que
llegue el amanecer. Todo el mundo tiene que pasar por la duda.
(Osho, 2002, p. 34).

—El miedo es el camino hacia el lado oscuro. El miedo conduce a
la ira. La ira conduce al odio. El odio lleva al sufrimiento. Siento
mucho miedo en ti. (Maestro Yoda a Anakin, en *Episodio I:*
La amenaza fantasma).

¡Gran tema! Nadie pasa las pruebas sin enfrentarse al miedo. Nadie cruza el umbral, nadie regresa con la recompensa, sin enfrentarse al miedo. Será el miedo el que nos
impedirá iniciar el camino, al preferir la comodidad, y
disfrazado de todo tipo de excusas y razones. ¿Para qué
cambiar, para qué salir de donde estoy bien, relajado y
cómodo... (aparentemente, pues otra parte de mí sabe que
esto no da para más)? Será también el miedo el que nos
impedirá superar alguna prueba, para quedarnos a medio
camino. Y otra vez el miedo nos contendrá para no regresar
a la comunidad a ofrecer el elixir conquistado.

Abraham Maslow señala que...

todos tenemos un impulso hacia el propio perfeccionamiento, un impulso hacia una mayor actualización de nuestras potencialidades, hacia la
autorrealización, la plena humanidad, plenitud humana o como se le
quiera llamar. Concedido esto, ¿qué nos lo impide? ¿Qué nos bloquea?
Todos tenemos potencialidades sin usar o sin desarrollar plenamente. En
realidad, muchos de nosotros esquivamos las vocaciones (llamada, destino, tarea o misión en la vida) sugeridas por nuestra constitución. Tende-
mos a rehuir las responsabilidades dictadas (o más bien insinuadas) por la
naturaleza, el destino, incluso a veces por accidente, tal como Jonás
intentó —en vano— escapar de su destino (Maslow, 2008, pp. 58-59).

A este "miedo a la propia grandeza", Maslow lo llama
complejo de Jonás, aludiendo al texto bíblico en el que
Jonás fue enviado por Yahvé a Nínive a predicar su mensaje. Jonás no cumple con el mandato y huye en un barco,

deseando huir de su destino. Cuando Jonás se durmió, Dios desató una gran tormenta poniendo en peligro al barco. Los marineros echaron la suerte para saber quién era el culpable de la tormenta, la que Dios hizo caer sobre Jonás. Allí Jonás confesó su falta y solicitó ser tirado al mar para calmar la furia del mar, lo que ocurrió cuando cayó al agua y fue tragado por una ballena. Jonás oró y prometió a Yahvé cumplir su anterior promesa, después de lo cual la ballena – al tercer día otra vez– vomitó al profeta en tierra seca (Jonás 1; 2; 3).

Solemos pensar que todo el mundo que acude a algún tipo de terapia o trabajo personal quiere cambiar o sanarse. En realidad, eso no es tan cierto; muchas de esas personas realmente no quieren cambiar ni sanarse. De hecho, cambiar o sanarse puede ser realmente doloroso, incómodo y muy poco atractivo. Tanto, que es mejor no cambiar. De hecho, a veces preferimos morir antes que cambiar, pues somos "personas de palabra", "de una sola línea", "de honor", y es preferible "morir con las botas puestas". Pero, claro, eso sí que al menos lo intentamos. Vamos a talleres, a terapia, nos tomamos las gotitas.

Al respecto hay una historia que creo haber leído en un libro de Robert Dilts. Una persona va al doctor porque siente mucho dolor en la mano, como si algo la quemara. El doctor le mira la mano y ve que tiene una plancha caliente amarrada a la mano. Como además es *coach*, antes de darle una pastilla para el dolor, le pregunta qué es lo que quiere. El paciente (doliente en este caso) le responde que quiere dejar de sentir dolor. El doctor –ingenuamente quizás– le cuenta lo que ve, y que sería muy fácil desamarrar la plancha y sacársela para aliviar su dolor. El paciente lo mira y responde: "Doctor yo no quiero que me saque la plancha, solo quiero que usted me quite el dolor".

¿Es tan difícil de verdad? ¿Qué nos lo impide? Los impedimentos para la curación incluyen renunciar a vivir en el pasado, dejar de ser víctima, y dejar de lado el miedo al cambio. Requiere el compromiso de vivir en el presente, recuperando la energía de los traumas y heridas del pasado. Requiere estar dispuestos a dejar atrás heridas, dolores, rabia; a limpiar y soltar, como un árbol se deshace de sus hojas en otoño para retomar con fuerza su crecimiento en primavera. Dejar de responsabilizar a otros por las heridas que nos causaron. Con dejar atrás lo ocurrido, con liberarnos de la percepción de ser víctimas. Víctimas de los demás, del destino, del universo, de algún dios que nos maldijo, de mis padres y profesores, de la mala suerte; en fin, de cualquier cosa, menos de la consecuencia de mis actos.

Con demasiada frecuencia, obtenemos poder con nuestras heridas, porque hemos aprendido cómo usarlas a nuestro favor. Se convierten, entonces, en un medio para manipular y controlar a los demás. Por cierto, sacar algún provecho de la culpa que sienten los otros puede ser muy lucrativo, y, más quizás, cuando además me dedico a crear esa culpa.

Generalmente, la recuperación requiere hacer cambios en el estilo de vida, medio ambiente, y relaciones. La sanación requiere algún tipo de acción, algún tipo de compromiso, de voluntad. De modo que "la verdadera pregunta no es ¿Tienes miedo?, sino ¿qué temes y qué haces con el miedo?" (Keen, 1999, p. 56).

Rolando Toro genialmente ordenó y clasificó en *El Árbol de los Miedos* todas estas barreras que nos retienen, para ofrecernos el Proyecto Minotauro como un camino a través del laberinto para enfrentarlos.

Y Marianne Williamson, en su famoso libro *A Return to Love: Reflections on the Principles of a Course in Miracles*, ha dicho algo maravilloso y sorprendente respecto al miedo:

Nuestro miedo más profundo no es a ser incapaces. Nuestro miedo más profundo es que somos poderosos más allá de toda medida. Es nuestra luz, no nuestra oscuridad lo que más nos atemoriza. Nos decimos a nosotros mismos: ¿quién soy yo para ser brillante, genial, talentoso y fabuloso? En realidad, ¿quiénes somos nosotros para no serlo? Tú eres un hijo de Dios. El hecho de hacerte pequeño no sirve al mundo. No hay nada de iluminación en encogerse para que otros no se sientan pequeños a tu alrededor. Todos nacimos para brillar como lo hacen los niños. (Marianne Williamson, citada por Gilligan y Dilts, 2008, pp. 109-110).

La verdadera valentía no consiste en no tener miedo, sino en ir mas allá de él, superarlo. trascenderlo. Para poder experimentar la valentía, es necesario vivenciar primero el miedo.

Ello nos sugiere preguntar "¿Por qué enfrentarse al peligro?" Es la pregunta equivocada. La correcta sería:

¿Qué pasa si intento construir una vida dedicada a evitar todo peligro y riesgo innecesarios? Si la "seguridad" se torna en la palabra clave bajo la que vivo, poco a poco el círculo de mi experiencia se vuelve pequeño y claustrofóbico (Keen 1999, p. 63).

El coraje de ser (Keen, 1999, p. 55), como algo distinto del coraje de vivir, que muchas veces se puede entender como el coraje de sobrevivir. El coraje de ser implica mucho más: es la valentía de asumir nuestra vida como la expresión de nuestro Ser, del *Yo Soy*, de expresar y manifestar en esta dimensión, en esta vida aquí y ahora, nuestra más profunda realidad en todas sus facetas, las luminosas y las oscuras y, por sobre todo, como la expresión de un ser divino.

Parecida a la conversación entre Luke y Yoda, cuando un ingenuo Luke dice no tener miedo, es aquella que cita Sam Keen entre un maestro del trapecio y un alumno novato: "¿Tienes miedo?, pregunta el maestro. Sí, responde el estudiante. Bien, comenta el maestro. Me preocuparía si no lo tuvieras" (Keen, 1999, p. 55).

La presencia del peligro nos hace sentirnos intensamente vivos (Keen, 1999, p. 61).

Y me queda ese memorable diálogo entre Sean Connery y Catherine Zeta-Jones en la película *Entrapment* cuando tienen que saltar al vacío para huir de la policía: "Si no te puedes sentir viva ahora nunca lo harás" (Amiel, 1999, min. 96).

Una distinción importante es aprender a distinguir entre el dolor y el sufrimiento. El dolor es algo que tiene que ver con el cuerpo físico. Pero si no escuchamos el dolor vendrá el sufrimiento, la frustración y la rabia; y todo esto junto es otra cosa diferente. Cuando somos capaces de aceptar el dolor, el sufrimiento no aparece.

EL ELIXIR

14. El final... o el comienzo

En el prefacio de su libro *Agujeros negros y tiempo curvo, El escandaloso legado de Einstein*, Kip S. Thorne cuenta que John Wheeler (su principal mentor y maestro durante sus años de formación como físico) disfrutaba preguntando a sus amigos qué era lo más importante que habían aprendido sobre algo. Y en ese mismo espíritu, Thorne se pregunta qué es lo más importante que quiere que aprendan sus lectores con su libro.

Recojo ambas preguntas.

Lo más importante que he aprendido en mi vida es que soy el creador de mi propia vida, de mi experiencia. Que yo la elegí para aprender algo. Que vivo y actúo siempre, de acuerdo a mis preferencias, las que crean consecuencias, las que a veces no me gustan, no las quiero y deseo otras distintas. Y entonces me pregunto, "¿cómo, para qué y por qué es que las creé? ¿Cómo se puede crear lo que se desea, conscientemente?". Ha sido una de mis grandes búsquedas. Y como respuesta, ahora estoy aquí en cama curándome del ACV.

Y como respuesta a la segunda pregunta –qué es lo que quiero que aprendan mis lectores– la respuesta es más complicada: solo he querido invitarles a dar un paseo:

La vida es como una atracción en un parque de diversiones, y cuando decides subirte piensas que es real porque así de poderosas son nuestras mentes. La atracción va arriba y abajo, da vueltas y vueltas, tiene emociones y momentos relajantes, es muy brillante y colorida, es ruidosa y es divertida por un rato. Muchas personas han estado subidas por mucho tiempo, y empiezan a pensar, "Oye, ¿es esto real? O ¿es tan solo una atracción?" y otras personas han recordado, y se vuelven hacia nosotros y dicen "No te preocupes; no tengas miedo, nunca, porque esto es solo una atracción". Y.... matamos a esas personas. "¡Cállenlo! Tengo mucho invertido en esta 'atracción', ¡Cállenlo! Miren mis surcos de preocupación, miren mi gran cuenta en el banco y a mi familia. Esto tiene que ser real". Es solo una atracción. Pero siempre matamos a las buenas perso-

nas que tratan de decirnos eso, ¿no lo han notado? Y dejamos a los
demonios sueltos... Pero no importa, porque es solo una atracción. Y
podemos cambiarla en el momento en que queramos. Es solo una
opción. Sin esfuerzos, sin trabajo, nada de ahorrar dinero. Una elección
simple, ahora mismo, entre el miedo y el amor.
Los ojos del miedo quieren que pongas guardias de seguridad en tu
puerta, compres armas, encerrarte. Los ojos del amor al contrario nos
ven a todos como uno solo. Aquí está lo que podemos hacer para cambiar el mundo, ahora mismo, a una mejor atracción. Tomen todo ese
dinero que gastamos en armas y defensas cada año y gástenlo en
alimentación, ropa y educación para los pobres del mundo, lo que será
mucho mejor miles de veces, ningún ser humano siendo excluido, y
podremos explorar el espacio, juntos, interior y exterior, para siempre, en
paz (Bill Hicks, 1993: min. 71).

No espero ni quiero, aunque sí deseo con todo mi corazón, que tendrás el coraje y la audacia de recorrer el camino
hacia tus sueños; que te transformes en un Hacedor.

¡Que la Fuerza te acompañe!

Otra cita:

El Gran Camino es un viaje en espiral. Avanzamos dando vueltas, como
en el legendario triple salto mortal, hasta que 'girando y girando encontramos nuestro destino'. Cada día empezamos de nuevo, sabiendo que el
peligro y la muerte pueden estar al acecho, que tendremos miedo y debe-
remos cultivar el coraje. Nos hará falta mantener el equilibrio y saber
cuándo es el momento de esperar y cuándo el de actuar. Daremos saltos
de fe, caeremos y volveremos a incorporarnos. Si somos diligentes con
nuestra práctica, disfrutaremos de momentos inesperados de gracia y
júbilo y de un desarrollo gradual en el dominio de convertir nuestras vidas en algo de belleza (Keen, 1999, p. 276).

Bly cuenta que escuchó decir en una conferencia a Ma-
rie Louise von Franz que lo que los tiempos de hoy necesitan "es una nueva figura, una figura religiosa pero peluda
que esté en contacto con Dios y con la sexualidad, con el
espíritu y con la tierra" (Bly 1992, p. 330).
¿Algo así como un *Zorba el Buda*?

214

En el punto inmóvil del mundo que gira. Ni carne ni ausencia de carne;
Ni desde ni hacia; en el punto inmóvil, allí la danza está,
Ni hay inmovilidad ni movimiento. Y no lo llamen estar estático,
Donde se unen pasado y futuro.
Ni movimiento desde ni hacia, ni ascenso ni descenso.
De no ser por el punto, el punto inmóvil,
No habría danza, y sólo existe la danza.
Sólo puedo decir, allí hemos estado: pero no puedo decir dónde.
Y no puedo decir cuánto tiempo, porque sería situarlo en el tiempo.
Es la libertad interior del deseo material,
Es soltar la acción y el sufrimiento, la compulsión interna y externa,
Pero sin embargo rodeado
Por una gracia de sentido, una luz blanca inmóvil que se mueve,
Un éxtasis sin movimiento ni concentración, sin eliminación,
El nuevo mundo y el viejo que se hacen explícitos, comprendidos.
(Eliot, 1943, traducción propia).

¿Y dónde está este punto inmóvil desde el cual percibimos la Eternidad? Está aquí, aquí mismo en la vorágine del movimiento, en la vida misma vivida desde el punto donde no hay ni deseo ni miedo, donde no hay rechazo ni aceptación, ni bien ni mal –en fin–, solo quietud... porque cuando encontramos el punto inmóvil regresamos –como el sabio que encuentra al toro– al mercado, al tiempo siempre cambiante, claro que con la Eternidad a cuestas.

Porque si el sol representa la luz eterna, inmutable, incambiable e infinita, y la luna, el cambio, lo perenne, lo cíclico, lo que nace y muere, su luz no es más que el reflejo de la luz del sol; digamos, algo así como su manifestación. De modo que la luna experimenta la eternidad en su constante cambio o devenir y esa su expresión no es más que el reflejo del eterno sol.

Sencillamente, eres más sabio. Sabes disfrutar de la vida y asombrarte con los ojos de un niño. Has atravesado desiertos, has cruzado umbrales y te has levantado de nuevo. Has aprendido a valorar lo que tienes, a quererte sin máscaras y a disfrutar cada mañana o de cada encuentro con un amigo. Y por todo ello, vale la pena la aventura (Jericó, 2010).

215

Y, para terminar, el incomparable e insuperable Campbell, maestro absoluto, a quien rindo un homenaje:

Lo que yo pienso que es una buena vida, es un viaje del héroe tras otro.
Una y otra vez eres llamado al mundo de la aventura, eres llamado a nuevos horizontes. Cada vez es el mismo problema: ¿me atrevo? Y luego si
te atreves, los peligros están allí, y la ayuda también, y el logro o el
fracaso. Siempre existe la posibilidad del fracaso.
Y también está la posibilidad de la beatitud (Campbell, 2004, p. 133 trad.
propia).

Antes de regresar al mundo cotidiano hay que enfrentar
a la muerte y volver a renacer. Hemos tenido esta experiencia muchas veces con distintos niveles de dolor. Y muchas
veces. Quizás no hemos sabido reconocer el camino que
hemos recorrido, las etapas o estadios del viaje. Comprender y darle sentido a este dolor es importante para seguir
adelante, cerrar el ciclo, volver a la comunidad y nuestro
mundo cotidiano con la recompensa, y –en un futuro no
muy lejano– emprender un nuevo viaje.

What we call the beginning is often the end
And to make and end is to make a beginning.
The end is where we start from.
(T. S. Eliot, 1942)

Y siempre el fin es un comienzo. En lo que a mí me toca, realmente el ACV es un recomenzar e incluso un rean-
dar caminos que creía recorridos.

Bibliografía

Libros

Abraham, K. (1913). Dreams and Myths. *Nervous and Mental Disease Monograph Series*, (15).

Álvarez, M. J. (2010). *Chakras, El viaje del héroe*. Madrid: Arkano Books.

Atwater, P.M.H. (1997). *Podemos recordar el futuro*. Barcelona: Urano

Bly, R. (1992). *Hombres de hierro*. Buenos Aires: Planeta.

Campbell, J. (2004). *Pathways to bliss: Mythology and personal transformation*. David Kudler, ed. California: Joseph Campbell Foundation.

Campbell, J. (2000). *Los mitos en el tiempo*. Buenos Aires: Emecé.

Campbell, J. (1999). *El héroe de las mil caras*. Ciudad de México: Fondo de Cultura Económica.

Campbell, J. (1991). *Las máscaras de Dios: Psicología primitiva*. Madrid: Alianza.

Campbell, J. y B. Moyers (1996). *El poder del mito*. Barcelona: Emecé.

Carroll, Lewis. (1960). *Aventuras de Alicia en el País de las Maravillas*. Buenos Aires: Peuser.

Castaneda, C. (1974). *A separate reality*. London: Penguin Books.

Castaneda, C. (1968). *The teachings of Don Juan, A Yaqui way to knowledge*. London: Penguin Books.

Cirlot, J-E. (1992). *Diccionario de símbolos*. Barcelona: Labor.

Coelho, Paulo (1990). *El Peregrino*. Buenos Aires: Planeta.

De Mello, A. (1998). *Un minuto para el absurdo*. Santander: Sal Terrae.

Dilts, R. y McDonald, R. (1997). *Tools of the spirit*. California: Meta Publications.

Eliade, M. (1991). *Mito y realidad*, Barcelona: Labor.

Eliade, M. (1974). *Tratado de historia de las religiones*. Tm II.. Madrid: Cristiandad.

Ferry, L. (2010). *La sabiduría de los mitos*. Buenos Aires: Taurus.

Foster, J. (2010). *Una ausencia muy presente*. Barcelona: Kairós.

Frankl, F. (1991). *El Hombre en busca de sentido*. Barcelona: Herder.

Fromm, E. (2011). *El arte de amar*. Buenos Aires: Paidós.

Gallo, J. P. (2017). El surgimiento del héroe, una historia de pérdidas. Análisis del arquetipo Jungiano del héroe, basado en la trilogía Batman de Christopher Nolan: Batman inicia (2005), El caballero oscuro (2008) y El caballero oscuro: la leyenda renace (2012). *Revista Poiésis*, N° 32, pp. 22-31.

George, D. (1992). *Mysteries of the dark moon*. New York: Harper Collins.

Gilligan, S. y Dilts, R. (2009). *The Hero's Journey*. Wales: Crown House Publishing.

Gilligan y Dilts, R. (2010). *El viaje del Héroe*. Barcelona: Ridgen-Institut Gestalt.

Gilligan, S. y Price, R., eds. (1993). *Therapeutic conversations*. New York: W.W. Norton and Company.

Houston, J, (2009). *The hero and the Goddess*. New York: Quest Books.

Houston, J. (2007). *A passion for the possible*. New York: Harper Collins.

Huxley, A. (1949). *La filosofía perenne*. Buenos Aires: Sudamericana.

Jericó, P. (2010). *Héroes cotidianos: descubre el valor que llevas dentro*. Barcelona: Planeta.

Jung, C. y otros (1993). *Encuentro con la Sombra*. Compilación y edición a cargo de C. Zweig y J. Abrams. Barcelona: Kairós.

Jung, C. y Campbell, J., ed. (1977). *The portable Jung*. New York: Penguin Books.

Kavafis, K. (1976). *Poesías completas*. Trad. J. M. Álvarez. Madrid: Hiperión.

Keen, S. (1999). *Aprende a volar*. Madrid: EDAF.

Keen, S. y Valley-Fox, A. (1993). *Su viaje mítico*. Barcelona: Kairós.

Kripal, J, (2007). *Esalen: America and the Religion of No Religion*. Chicago: The University of Chicago Press.

Lao Tse (1972). *Tao Te King*. Versión de José M. Tola. Barcelona: Barral.

Machado, A. (1912). *Campos de Castilla*. Madrid: Ed. Renacimiento.

Malinowski, B. (1975). La Cultura. *El concepto de cultura: textos fundamentales*. J. S. Kahn, ed. Barcelona: Anagrama.

Malinowski, B. (1948). *Magic Science and Religion*. Boston: Beacon Press.

Maslow, A. (2008). *La personalidad creadora*. Barcelona: Kairós.

Metzner, R. (2006). *Las grandes metáforas de la tradición sagrada*. Barcelona: Kairós.

Metzner, R. (1980). Ten classical metaphors of self-transformation. *The Journal of Transpersonal Psychology*, Vol. 12, N° 1.

Naranjo, C. (2014). *Cantos del despertar*. Barcelona: La Llave.

Nietzsche, F. (2003). *Así habló Zaratustra*. Madrid: Alianza.

Oriah Mountain Dreamer (2000). *La invitación*. Barcelona: Urano.

Osho (2007). *La búsqueda. Charlas sobre los diez toros del Zen*. Madrid: EDAF.

Osho (2002). *Coraje*. Madrid: Debate.

Osho (2001). *Zarathustra El Profeta Que Ríe*. Buenos Aires: Luz de luna.

Osho (2000). *Zarathustra Un Dios que puede bailar*. Buenos Aires: Luz de Luna.

Osho (1990). *From Death to Deathlessness*. Köln: The Rebel Publishing House.

Pearson, C. (1995). *El héroe interior*. Barcelona: Humanitas.

Pérez, F. (2016). *Aproximación a la interacción pedagógica para promover el desarrollo del pensamiento*. Tesis de licenciatura en educación. Universidad de Concepción.

Puig, M.A. (2008). *Vivir es un asunto urgente*. Madrid: Santillana.

Raglan, F. (1934). The Hero: A Study in Tradition, Myth and Drama. *The Hero of Tradition, in Folklore*, Vol. 45, N° 3.

Rank, O. (1914). The Myth of the Birth of the Hero (A Psychological Interpretation of Mythology). *Nervous and Mental Disease Monograph Series*, (18).

Roth, G. (1990). *Mapas para el éxtasis.* Barcelona: Urano.

San Juan de la Cruz (1947). *Poesías completas.* Buenos Aires: Cruz del Sur. Edición numerada (N° 1636).

Seligman, M. (2003). *La auténtica felicidad.* Buenos Aires: Javier Vergara ed.

Thorne, K. (1995). *Agujeros negros y tiempo curvo. El escandaloso legado de Einstein,* Kip S. Madrid: Grijalbo.

Toro, R. (2007). *Biodanza.* Santiago: Cuarto Propio-Espacio Índigo.

Toro, R. (2005a). *Antecedentes míticos y filosóficos en Biodanza.* Curso de Formación para Profesores de Biodanza. International Biocentric Foundation.

Toro, R. (2005b). *Extensiones y aplicaciones de Biodanza.* Curso de Formación para Profesores de Biodanza. International Biocentric Foundation.

Toro, R. (2005c). *Contacto y Caricias.* Curso de Formación para Profesores de Biodanza. International Biocentric Foundation.

Toro, R. (2005d). *Sexualidad.* Curso de Formación para Profesores de Biodanza. International Biocentric Foundation.

Toro, R. (1988). *Projeto Minotauro.* Petrópolis: Vozes.

Trungpa, C. (2008). *Shambhala. La senda sagrada del guerrero.* Barcelona: Kairós.

Van Gennep, A. (1986). *Los ritos de paso.* Madrid: Taurus Ediciones.

Vaughan-Lee, Ll. (2012). *Sufism: The Transformation of the Heart.* California: The Golden Sufi Center.

Vogler, C. (2002). *El viaje del escritor.* Barcelona: Ma Non Troppo.

Voytilla, S. (1999). *Myth and the movies. Discovering the mythic structure of 50 unforgettable films.* California: Michael Wiese Productions.

Watson, L. (1992). *Gifts of Unknown Things: A True Story of Nature, Healing, and Initiation from Indonesia's Dancing Island.* Rochester: Inner Traditions.

Whitman, W. (1969). *Hojas de hierba.* Sel. y trad. de J. L. Borges. Barcelona: Lumen.

Whitman, W. (2007). *Canto a mí mismo.* Paráfrasis de León Felipe. Madrid: Akal.

Yampolsky, B., trad. y com. (1967). *The Platform Sutra of the Sixth Patriarch.* New York: Columbia University Press.

Yutang, L. (1966). *La importancia de vivir.* Buenos Aires: Sudamericana.

Películas y videojuegos

Amiel, J., dir. (1999). *Entrapment.* Largometraje. Estados Unidos: 20th Century Fox.

219

Bould, Ch., dir. (1993). *Bill Hicks: Revelations.* Documental. Reino Unido: Tiger Aspect Prods.

Jewison, N., dir. (1973). *Jesucristo Superestrella.* Largometraje. Estados Unidos: Universal Pictures.

Lucas, G., dir. (1999). *La amenaza fantasma.* Largometraje. Estados Unidos: Lucas Films.

Nolfi, G., dir. (2011) *The Adjustment Bureau.* Largometraje. Estados Unidos: Universal Pictures. Extracto consultado en línea el 11 de diciembre de 2018 desde [https://www.youtube.com/watch?v=GJ28O8tq23Q]

Star Wars: the Force Unleashed (2008). Videojuego. Estados Unidos: Lucas Arts, n-Space y Krome Studios.

Star Wars. *The Force Unleashed II.* (2010). Videojuego. Estados Unidos: LucasArts Entertainment Company.

Recursos web

Crosby, Stills, Nash & Young (1971). *Chicago.* Canción. Estados Unidos: Universal Music. Letra consultada en línea el 26 de noviembre de 2018 desde [https://www.lyrics.com/lyric/809960/Graham+Nash]

Cummings, e. e. (26 oct. 1955). Respuesta a la carta de un editor de Secundaria. *High School Spectator.* Ottawa Hills, Grand Rapids, Michigan.

Dylan, B. (1963). *Blowin' in the Wind.* Canción. Estados Unidos: Columbia Records. Letra consultada en línea el 2 de noviembre de 2018 desde [https://www.google.cl/search?ei=XtPdW9f9KIiWwgT5v5vwBw&q=blowin+in+the+wind+bob+dylan+lyrics&oq=Blowin%27+In+The+Wind+-+Bob+Dylan&gs_l=psy-ab.1.7.0j0i22i30k1l9.5183.5183.0.8947.1.1.0.0.0.0.88.88.1.1.0....0...1c.2.64.psy-ab..0.1.84....0.1sKX-c1a82U]

Enya (2001). *May it be.* Canción. Estados Unidos: Reprise Records. Letra consultada en línea el 12 de diciembre 2018 desde [http://www.metrolyrics.com/may-it-be-lyrics-enya.html]

Eliot, T. S. (1943). Burnt Norton en *Four Quartets.* Consultado en línea el 31 de enero de 2020 desde [http://famouspoetsandpoems.com/poets/t__s__eliot/poems/15132]

Eliot, T. S. (1943). Little Gidding en *Four Quartets.* Consultado en línea el 31 de enero de 2020 desde [http://www.columbia.edu/itc/history/winter/w3206/edit/tseliotlittlegidding.html]

Harrison, G. (1970). *My Sweet Lord.* Canción. Estados Unidos: Apple Records. Letra consultada en línea el 26 de noviembre de 2018 desde [https://www.google.cl/search?biw=1355&bih=589&ei=-3qW7i0H4egwATyvKqABQ&q=my+sweet+lord+lyrics&oq=My+sweet+Lord+&gs_l=psy-

ab.1.0.0l10.583755.583755..585730...0.0..0.115.115.0j1......0....1j2..gws
-wiz.VRLywy0z_FI]

Harrison, G. (2002). *Any Road*. Canción. Estados Unidos: Dark Horse
Records. Letra consultada en línea el 3 de octubre de 2019 desde
[https://genius.com/George-harrison-any-road-lyrics]

Houston, J. (s.f.) The gifts of a mythic life. *Chopra Center*. Consultado en
línea el 11 de julio de 2018 desde [http://www.chopra.com/
articles/gifts-mythic-life]

Jett, J. (1982). *I love Rock'n'roll*. Canción. Estados Unidos: Boardwalk
Records. Letra consultada en línea el 26 de noviembre de 2018 desde
[https://www.letras.com/joan-jett/19923/]

Jodorowsky, A. (2016). Post de Facebook publicado el 18 de septiembre
de 2016. Consultado en línea el 10 de noviembre de 2018 desde
[https://www.facebook.com/alejandrojodorowsky/posts/no-des-
consejos-sin-decir-antes-seg%C3%BAn-lo-que-yo-creo-hasta-donde-
yo-s%C3%A9-arriesgan/10153671282075059/]

La Renovación del Águila, Una gran historia de lucha y superación (s.f.)
Consultado en línea el 2 de mayo de 2017 desde
[http://www.emprendices.co/renovacion-del-aguila-historia-
reflexionar-superacion/]

Lennon, J. (1971a). *Imagine*. Canción. Estados Unidos: Apple Records.
Letra consultada en línea el 26 de noviembre de 2018 desde
[https://www.google.cl/search?ei=Ft_9W8mBE8nHwAT3zJbgAg&
q=imagine+letra&oq=imagine&gs_l=psy-
ab.1.2.0j0i67k1j0i131k1j0l3j0i131k1j0i10k1j0l2.20920.23802.0.28015.
2.2.0.0.0.0.109.178.1j1.2.0....0...1.1.64.psy-
ab..0.2.174....0.DtxngLcFFmk]

Lennon, J. (1971b). *How*. Canción. Estados Unidos: Apple Records.
Letra consultada en línea el 26 de noviembre de 2018 desde
[https://www.azlyrics.com/lyrics/johnlennon/how.html]

Lennon, J. y P. McCartney (1967). *Strawberry fields forever*. Canción.
Estados Unidos: Capitol Records. Letra consultada en línea el 3 de
octubre de 2019 desde [https://genius.com/The-beatles-strawberry-
fields-forever-lyrics]

McKennitt, L. (1994). *The Dark Night Of The Soul*. Canción. Canadá:
Quinlan Road. Letra consultada en línea el 4 de diciembre de 2018
desde [https://www.azlyrics.com/lyrics/
loreenamckennitt/thedarknightofthesoul.html]

Morrison, J. (1970). *The Celebration of the Lizard*. Poema. Consultado en
línea el 4 de diciembre de 2018 desde
[http://www.geocities.ws/celebracion_del_lagarto/Lizard.htm]

Presley, E. (1960). *It's now or never*. Canción. Estados Unidos: RCA
Nashville. Letra consultada en línea el 26 de noviembre de 2018
desde [https://www.google.cl/search?ei=l-
b9W9efNojGwASJ65WYDg&q=its+now+or+never+letra&oq=its

+now+or+never&gs_l=psy-
ab.1.0.0i20i263k1j0l3j0i10k1l2j0i203k1l4.295762.311796.0.316225.22.
22.0.0.0.0.131.1628.19j2.22.0....0...1.1.64.psy-
ab..0.22.1661.6..35i39k1j0i67k1j0i131i67k1j0i10i67k1j0i131k1.62.4p
GuwbBpsYA]

Rebillot, P. (s.f.). El viaje del héroe como drama ritual. Consultado en
   línea el 13 de diciembre de 2018 desde
   [https://es.scribd.com/doc/181572931/ Rebillot-Paul-El-Viaje-Del-
   Héroe-Como-Drama-Ritual]

Rodríguez, S. (1970). *I Wonder*. Canción. Estados Unidos: Sussex
   Records. Letra consultada en línea el 2 de noviembre de 2018 desde
   [https://www.google.cl/search?ei=19rdW9v8NoTHwATxtJ1Y&q=i
   +wonder+sixto+rodriguez+lyrics&oq=i+wonder+sixto+rodr+lyric
   s&gs_l=psy-
   ab.1.0.0i7i30i19k1l5j0i8i7i30i19k1l3.11063.19363.0.23888.11.11.0.0.0.
   0.125.872.10j1.11.0....0...1c.1.64.psy-
   ab..0.11.842...0i67k1j0i7i30k1j0i7i10i30k1j0i8i7i30k1j0i8i10i30k1j0i8i
   30k1j0i19k1j0i8i30i19k1.0.FGRmRCkwnmQ]

Toro, R. (s.f.). *Manifiesto*. Consultado en línea el 11 de diciembre de 2018
   desde [http://www.terrentoro.com/rolandotoro.htm]

What are some examples of everyday heroes (s.f.) Post de Quora.com
   consultado en línea el 12 de diciembre de 2018 desde
   [https://www.quora.com/What-are-some-examples-of-everyday-
   heroes]

Wolkstein, D. y Kramer, S. (1983). *Inanna: Queen of Heaven and Earth*.
   New York: Harper & Row. Trad. O. Iszaevich, consultada en línea el
   27 de junio de 2017 desde
   [https://litsdelaant.files.wordpress.com/2013/03/e2809ccantos-e-
   himnos-de-sumeriae2809d.pdf]

4 Non Blondes (1992). *What's Up?* Canción: Estados Unidos: David
   Tickle. Letra consultada en línea el 12 de diciembre de 2018 desde
   [https://www.google.com/search?q=what%27s+up+4+non+blond
   es+lyrics&oq=(What%E2%80%99s+up+%E2%80%93+4+Non+B
   londes&aqs=chrome.2.69i57j0l5.3578j0j8&sourceid=chrome&ie=U
   TF-8]

Made in the USA
Columbia, SC
12 February 2021